AF267685

DÉPOSITION

DE

M. LE GÉNÉRAL DE MARIVAULT

—

EXTRAIT

DES DOCUMENTS DE L'ENQUÊTE PARLEMENTAIRE SUR LES ACTES

DU GOUVERNEMENT DE LA DÉFENSE NATIONALE.

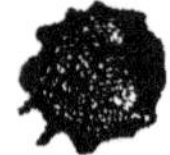

3 Août 1871

TOULON

IMPRIMERIE L. LAURENT, RUE NATIONALE, 49

—

1874

DÉPOSITION

DE

M. LE GÉNÉRAL DE MARIVAULT

(PRÉSIDENCE DE M. SAINT-MARC GIRARDIN)

M. LE PRÉSIDENT. — Général, vous avez commandé l'armée de Bretagne ; veuillez nous dire les faits venus à votre connaissance pendant la durée de votre commandement.

M. DE MARIVAULT. — Je vais essayer, monsieur le Président, de satisfaire à votre demande ; seulement, pour donner à mon témoignage plus de précision, je vous demande la permission de multiplier les citations de pièces, de lettres et de télégrammes, aimant mieux fournir à la commission des documents que des appréciations.

Je dois aussi faire remarquer que ce qu'il y aura certainement d'incomplet, de mal digéré, dans mon exposé des situations ou dans le choix des documents ne doit pas être *uniquement* attribué à l'absence d'art d'un marin peu familier avec les travaux de ce genre. Il faut aussi tenir compte de ce que, brusquement enlevé à mon commandement par *un télégramme*, je n'ai pu conserver ni des archives ni un état-major pour les reconstituer. Les gouvernements réguliers ont, au sujet des généraux dont le commandement cesse, des règlements qui laissent à ceux-ci le temps et les moyens d'en rendre compte et de s'en rendre compte ; ne voulant *point réclamer les allocations que ce règlement m'eût accordées*, je cessai absolument toute relation avec le département de la guerre, et je n'ai entre les mains que des documents incomplets, parfois manquant de dates. Je les donnerai tels qu'ils sont.

M. LE COMTE DARU. — Le général appartenait-il à l'armée régulière?

M. DE MARIVAULT. — J'étais au service de la marine depuis trente-quatre ans, capitaine de vaisseau depuis 1864, quand je fus nommé général de division de l'armée auxiliaire le 1er décembre 1870. — Au commencement de la guerre, je commandais la frégate *la Clorinde*, puis *l'Armide* qui fut désarmée en novembre. J'étais à Tours pour demander à être employé dans un corps d'armée, lorsque la démission de M. de Kératry se produisit. Je demandai le commandement de l'armée de Bretagne ; j'y fus nommé le **7** décembre 1870, j'en pris possession le 10 du même mois.

L'armée de Bretagne, constituée par un décret du 22 octobre 1870, sous le commandement de M. de Kératry, se composait essentiellement de tous les contingents mobilisés des gardes nationales de la province ; elle devait s'habiller et s'équiper au moyen des ressources locales ou de celles fournies par des marchés passés à l'étranger, trouver en elle-même le personnel des divers services et y pourvoir au moyen d'un crédit spécial, en dehors des prévisions ordinaires de l'intendance. C'était un essai en administration comme à d'autres égards.

M. de Kératry fit choix de Conlie comme lieu de réunion, et parcourant la Bretagne avec l'activité qui le caractérise, excitant le zèle des particuliers, des villes, des départements, faisant appel au sentiment français, en même temps qu'au patriotisme provincial, il obtint un succès tel qu'on n'eût certes pu l'obtenir dans aucune autre province et qui dut lui faire concevoir les plus ardentes espérances.

La tâche lui en fut facilitée par l'esprit public : de tous côtés, en effet, se levèrent, pour former les cadres et grossir les rangs de cette armée, des hommes considérables, qui, dès le début, apportèrent à cette entreprise, qui n'était point sans inquiéter les populations, l'appui de leur popularité locale et de leur honorabilité ; la plupart d'entre eux n'appartenaient pas aux catégories mobilisées ; ils n'en quittèrent pas moins leurs maisons ou leurs châteaux, leurs familles, leurs intérêts, dirent adieu à toutes les habitudes de leur vie, pour s'imposer, avec les fatigues du corps, celles de responsabilités tout-à-fait nouvelles pour la plupart d'entre eux, n'ignorant point qu'ils y risquaient encore leur repos futur et leur popularité parmi les voisins qu'ils allaient entraîner.

Ce n'était point chez eux présomption, ni cette folle ambition des grades qui a produit ailleurs de si douloureux résultats ; ils connaissaient leur insuffisance, leur ignorance de la guerre et des détails infinis par lesquels on prépare, pour une action commune, des masses autrement impuissantes Mais ils comptaient qu'ils seraient aidés, dirigés, instruits dans cette tâche nouvelle ; ils pensaient que ceux qui s'étaient emparés du pouvoir en feraient quelque usage patriotique, et ils voulaient avant tout donner de leur personne l'exemple de cette abnégation qu'on demandait au pays, afin de faire accepter par les populations ce dur sacrifice qu'exigeait d'elles un gouvernement qu'elles n'avaient point choisi. Par l'influence de tous ces dévouements sincères et modestes, et avant que les gouvernants eussent osé demander à aucune autre province d'envoyer au dehors ses mobilisés, il se forma à Conlie une agglomération d'hommes de 25 à 40 ans , robustes , patients , durs au mal , prêts à tout faire pour apprendre et à tout risquer pour exécuter, dès qu'on leur donnerait des instructions et des armes : mélancoliquement impressionnés, sans doute, par le souvenir de la maison si violemment abandonnée , mais soutenus par le sentiment affectueux et grave du pays tout entier , et portant dans leur sacrifice cette sorte de résignation ardente, propre au caractère breton, et de laquelle on eût pu attendre, dans d'autres conditions, les plus grands résultats.

Cependant, pour se rendre compte de la composition de ces masses au point de vue militaire, il faut se rappeler que la Bretagne n'avait pas seulement subi, comme les autres provinces , le drainage habituel des activités et des intelligences qu'exerce sur toute la France la centralisation administrative : indépendamment de la conscription, dont elle a sa part, et des levées maritimes (qui *lui sont propres et portent au dehors* une portion considérable de sa jeunesse active), la Bretagne avait déjà subi la levée des gardes mobiles dont l'organisation avait appelé loin de son territoire tous les anciens soldats et la partie la plus virile de sa jeunesse non militaire, éloignant ainsi *dès le premier appel* presque tous ceux qui, sans être compris dans la levée, se sentaient l'aptitude ou le goût de la guerre. Sur cette masse, ainsi drainée par tant de canaux à la fois de ses éléments les plus énergiques, M. de Kératry fit encore un triage ; il choisit le quart environ de cet effectif pour en faire une division à laquelle il distribua les armes les moins mauvaises qu'il put trouver parmi les fusils (de onze modèles différents), qu'avaient fournis les villes, ou qu'avaient procurés les marchés anglais et américains. Tout ce que l'on avait de harnais fut réuni pour atteler quelques batteries qu'avait fournies la marine. On écarta les hommes les moins valides, car dans un zèle peu réfléchi, les nouveaux administrateurs s'étaient appliqués à rejeter les cas d'exemption et à remplir le camp d'une foule de pauvres *gars* qui n'en ont connu que les ambulances et qui font grand'faute aujourd'hui dans leurs paroisses. On prit les mieux chaussés, les plus vêtus , les mieux disposés , on prit surtout ce qui pouvait rester d'anciens militaires ou de marins, on écarta les officiers les moins ingambes, et on donna à ce corps pour chef immédiat un très-brave capitaine de frégate , le général Gougeard, qui, par la façon dont il le conduisit et par sa bravoure personnelle, sut toujours, au milieu de nos désastres, faire honneur à la Bretagne et à la marine. Une douzaine de bataillons sortirent ainsi, renforcés de quelques bataillons d'infanterie, de mobiles, de chasseurs à pied, éléments militaires qu'avait obtenus le député de Brest pour former le noyau de son armée et l'encadrer *tout entière*.

Ce fut avec cette élite que M. de Kératry se rendit à Ivré-l'Evêque, où il se rencontra avec M. Gambetta.

J'ignore les détails de cette entrevue ; mais je sais, comme tout le monde, que le général de l'armée de Bretagne, estimant qu'il ne pouvait suivre avec elle les inspirations militaires de ce *ministre de la guerre*, donna sa démission en des termes dont la colère n'excluait point la justesse, faisant appel dans un avenir prochain à la justice *du pays rendu à lui-même*, pour prononcer entre lui et les hommes qui s'étaient choisis eux-mêmes pour nous gouverner.

On comprend quelle devait être, après l'enlèvement de cette élite, la qualité militaire des 42,000 hommes qui, au *mois de décembre* étaient campés à Conlie sous la tente-abri, inventée pour le climat d'Afrique. Un terrain défoncé par le labourage et par le piétinement des chevaux, toujours boueux au-dessus d'un sous-sol d'argile imperméable, permettait à peine à ces malheureux de se tenir debout. Se mouvoir dans ce bourbier était d'une difficulté sans égale, y faire aucun exercice était impossible, le temps des hommes se passait à lutter contre les difficultés de la vie de chaque heure, à faire les corvées indispensables de bois, de vivres, de paille, et à aller chercher l'eau potable jusqu'à 1,800 mètres. Le sol des tentes, devenu bientôt aussi boueux que celui de l'extérieur, ne permettait point aux hommes d'ailleurs très-peu vêtus, de prendre pendant la nuit un repos nécessaire ; aucun abri n'existait pour les divers services de conservation et de distribuition des munitions ou des vivres ; tout se faisait dehors, au vent, à la pluie ; le peu d'armes qu'on avait disparaissait rouillé dans cette boue ; les officiers qu'il eût fallu réunir constamment pour leur faire la théorie et les initier aux détails du service, n'avaient aucun abri où ces réunions fussent possibles. Ceux dont les fonctions eussent été de faire des états de solde, d'habillement, d'effectif ne pouvaient nulle part apprendre comment se font ces pièces indispensables à l'intendance ; et ceux qui eussent su comment les faire ne pouvaient trouver un coin sec où l'on pût écrire ni conserver des papiers. De ce seul détail de manquer de papier résultaient mille misères et d'infinis désordres, que ne connaissent point les armées régulières et qu'on a fort injustement, dans cette guerre, rejetés sur l'intendance, être impersonnel, qui ne peut cependant satisfaire aux besoins des troupes que lorsqu'ils lui sont manifestés par le moyen d'organes réguliers et indispensables qui faisaient absolument défaut à ces agglomérations sans cadres.

L'absence presque absolue de tambours et de clairons n'avait pas moins d'importance. C'était « à la voix » et en allant de tente en tente à travers ce marais difficile, que les officiers essayaient de transmettre aux soldats des ordres qui souvent avaient cessé d'avoir leur raison d'être avant qu'on fût parvenu à les communiquer. A tout instant on se heurtait à mille détails de ce genre, qui peuvent paraître vulgaires mais qui aux yeux de tous ceux qui ont commandé des troupes en campagne sont des questions « d'être ou ne pas être ».

L'ordinaire des hommes, leur soupe se faisait pour 150 hommes à la fois dans de grandes marmites de fonte ; il n'y en avait point de portatives, si bien que lorsqu'une compagnie avait à se déplacer, elle n'avait plus, loin de sa marmite, aucun moyen de cuire ses aliments.

Point de caissons, de chariots, de moyens de transport quelconques pour les vivres ni pour les munitions ; on n'avait même pas pu se procurer de traits de cuir ni de cordes pour tenter d'atteler des pièces de 12, empruntées à l'arsenal de Brest, et quant aux pièces de fonte, dites de marine, se chargeant par la culasse au moyen d'un mécanisme délicat et compliqué, elles se rouillaient immuables sur leurs plates-formes, où pas un homme ne restait qui entendît leur service ou leur entretien. *Immobilisé dans son impuissance, ce beau matériel était là comme un trophée mis en réserve pour que l'ennemi vînt sans péril le prendre à son heure.*

Mais une proie bien autrement précieuse offerte aux Allemands, c'était cette population même, incohérente et misérable, groupée là sans aucun moyen de s'en retirer par elle-même ni de s'y défendre, et pour qui l'arrivée de l'armée d'invasion eût été la destruction sous toutes les formes en même temps que l'apparence d'une honte pour notre pays.

Il était certain que l'ennemi renseigné sur la possibilité d'infliger à l'Ouest de la France un désastre aussi propre à le terrifier, ne s'arrêterait pas au Mans s'il arrivait à en déloger l'armée de la Loire, il la pousserait sur Conlie, dominé comme un cirque dans un amphithéâtre, et qu'on peut tourner de tous côtés par des routes excellentes. Ce n'était point là une de ces hypothèses que de sages appréhensions doivent inspirer, mais qui peuvent ne pas justifier les craintes qu'elles ont fait naître. C'était une certitude morale, absolue, et ces événements, aujourd'hui accomplis, ne sont pas plus formellement acquis à l'histoire qu'ils ne l'étaient alors aux yeux d'un observateur ayant fait la guerre et ayant vu, dans d'autres pays (guerre d'Amérique), de grandes masses organisées et de grandes masses improvisées en mouvement dans des circonstances analogues.

Tel ne pouvait pas être le point de vue où se plaçaient ceux d'entre les généraux qui continuaient activement la lutte avec des armées pourvues tant bien que mal de moyens de combat. Ceux qui accomplissaient cette part brillante du devoir patriotique ne pouvaient pas alors convenir avec eux-mêmes de ces certitudes : leur rôle était de les repousser jusqu'à la dernière heure, et ce sera leur honneur, ce sera le titre spécial du général Chanzy à la reconnaissance du pays, d'avoir toujours agi dans cette longue retraite comme s'il sentait devant lui une espérance et d'avoir, au milieu des signes les plus manifestes de l'impuissance, conservé une attitude qui permettait aux jeunes d'entretenir et aux anciens de feindre, l'illusion d'une confiance puisée dans celle qu'il montrait.

Mais tout autre était le rôle d'un citoyen indépendant, n'exerçant point de commandement, et cherchant honnêtement, en dehors des ambitions de carrière, quel bien pouvait être fait, quel mal pouvait être évité, au milieu des désastres qu'accumulaient sur le pays l'invasion étrangère et l'impuissance radicale d'un gouvernement qui venait de détruire, avec les conseils généraux, les dernières traces de la souveraineté nationale.

L'armée de la Loire, après l'honorable journée de Josnes, qu'on put appeler un succès, venait de donner, par ce succès même, par l'audace, par l'intelligence, par la ténacité des soldats et des chefs, par l'habile utilisation des ses incomplètes ressources, elle venait de donner la mesure de ce qu'était sa puissance réelle d'action ; elle continuait, au moment dont je parle, cette retraite qui ne pouvait pas ne pas aboutir au Mans, d'où elle ne pouvait pas n'être pas délogée lorsque les Allemands, prenant leur temps, massant leurs ressources et leurs effectifs inépuisables, arriveraient à vouloir sérieusement, à leur heure, occuper cette position. Or, comme je l'ai dit, cette occupation et la marche ultérieure de l'ennemi sur Conlie, *c'était la destruction certaine des Bretons* si on les laissait réunis comme ils étaient : et pour qu'on les laissât réunis, il suffisait que, des mains de M. de Kératry, l'armée de Bretagne tombât dans celles d'un complaisant ou d'un aventurier, comme on en voyait alors surgir des sources les plus inattendues, qui l'eût gardée réunie afin de se conserver l'apparence et les avantages d'un commandement considérable, ou qui l'eût poussée aux aventures, dans un temps où les ordres incohérents et divers, émanant de ministères improvisés, permettaient à chacun de se tailler un rôle et de se faire, avec le *sang des autres* et l'aide de quelques amis, une petite renommée personnelle trop facilement acceptée par l'opinion publique, excusable hélas ! tant elle était lassée par la continuité des défaites et patriotiquement repliée sur elle-même loin de toute lumière qui lui fût venue des journaux étrangers.

En novembre, lorsque j'avais visité cette armée en compagnie de M. de Kératry, il m'avait fait l'honneur de m'offrir le commandement de cette même portion que, dans ses illusions de marche sur Paris, à la tête de l'armée de Bretagne, il appelait le second corps. — Trop vieux soldat pour croire à la marche en avant, j'avais alors décliné cet honneur. Mais les circonstances étaient bien changées, le temps avait marché sans que

rien eût été fait pour améliorer la situation ; le décret sur les camps ré-
gionaux venait, comme je l'ai dit, d'ouvrir la porte aux ambitions les plus
inattendues, et ce camp n'était pas, comme les autres, une création de
papier, mais « une chose de chair et de sang », car il contenait toute
une population de travailleurs honnêtes sortis des ateliers et des champs,
d'hommes mûrs qui avaient pris déjà leur place dans la vie, autour de
chacun desquels s'étaient groupés les mille intérêts de la ferme et de la
maison, et dont la destruction eût porté la misère, en même temps que
le deuil, dans chacun des hameaux de la Bretagne. Il fallait à tout prix
les tirer de cette embûche : le devoir formel envers la province était
autre en décembre qu'il *n'avait été six semaines auparavant.* Je pensais
d'ailleurs qu'en reportant cet effectif nombreux dans le département
d'Ille-et-Vilaine, on gagnerait le temps de le dégrossir et de recevoir du
Gouvernement les armes toujours promises ; qu'en s'appuyant sur le
pays, et grâce aux ressources qu'y crée la proximité de la mer, on pourrait approvisionner et munir des objets indispensables les légions qu'on
exercerait dans les positions où plus tard elles seraient appelées à défendre la Mayenne et la Vilaine.

Des hommes honorables à qui j'en avais parlé partageaient ces idées et
je puis nommer, parmi ceux de qui j'ai pris conseil, le président actuel
de la République (M. Thiers).

Le délégué de la guerre, M. de Freycinet, qui m'a paru jusqu'au bout
être personnellement sincère dans ses illusions militaires, m'avait semblé
comprendre, autant que le permettait la multiplicité des attributions qu'il
s'était faites, les nécessités sur lesquelles j'avais voulu l'entretenir avant
de m'offrir pour ce commandement ; et je ne pouvais m'étonner qu'il
remît l'exécution des mesures à prendre à l'époque où, rendu sur les
lieux, j'aurais de nouveau examiné la situation. Cet examen n'ayant fait
que mûrir les opinions que je viens d'émettre, l'expression officielle ne
s'en fit point attendre. Le lendemain de mon arrivée au camp, j'écrivais à
Bordeaux :

« Au quartier général de Conlie, 10 décembre 1870.

« Monsieur le Ministre,

« Je vous demande de vouloir bien envoyer les ordres *les plus formels
et les plus immédiats* pour que le camp de Conlie soit évacué sur un
point de l'Ille-et-Vilaine, et de faire adresser les ordres y relatifs aux
préfets de Bretagne. La journée passée sur cette position m'a convaincu

d'une façon *absolue* que, dominée de divers côtés et entourée de routes qui permettent de la négliger ou de la tourner hors de portée, et de l'affamer avec un simple cordon de cavalerie, elle n'a aucune espèce d'importance stratégique. Son réduit seul, qui est à peu près achevé, et muni de pièces de marine avec très-peu de munitions, serait susceptible d'une défense locale par 500 hommes environ qu'il pourrait contenir. Point de magasins dans ce réduit, ni aucune espèce d'approvisionnement dans le camp.

« 43,000 hommes d'effectif, dont la moitié à peine est armée de fusils de onze modèles différents, n'ont point encore l'organisation qu'il faudrait pour qu'on pût les présenter, s'ils avaient des armes, à un ennemi qui dépasserait la force d'une brigade.

« Point de cavalerie, point de harnais pour des batteries de très-belle artillerie, dont deux seulement sont approvisionnées pour quelques heures de combat.

« En résumé, tout ce qu'il faut pour attirer une pointe en force de l'ennemi si l'invasion prenait cette direction ; rien de ce qu'il faudrait pour le repousser.

« En Bretagne, ce personnel vaillant et robuste serait sur son terrain et, avec Rennes sur ses derrières, il arrêterait dans le pays de Vitré toute force qui ne dépasserait pas 20,000 hommes.

« Voilà mon appréciation de la situation ; elle est tellement formelle que si vous en aviez une *différente*, je vous demande de me donner immédiatement une autre destination.

> « *Le général de division commandant en chef*
> *le camp de Conlie,*
>
> « Signé : DE MARIVAULT. »

Bien avant d'avoir reçu aucune réponse à cette dépêche et dès que j'eus pris une connaissance suffisante des éléments placés à ma disposition, je m'occupai de préparer les moyens d'exécution des mesures que je croyais nécessaires, et tout d'abord j'envoyai au Mans, pour s'y sécher et y nettoyer ses armes, la légion la mieux armée, que l'on voulut bien me loger dans deux églises et sur une place (être logé sur une place était un luxe pour les hommes qui sortaient de Conlie). Puis pour diminuer l'encombrement futur, je signalai aux préfets des cinq départements de suspendre jusqu'à nouvel ordre tout envoi de mobilisés, et le 14, je leur adressai la dépêche suivante :

« AUX CINQ PRÉFETS DE BRETAGNE.

« (CIRCULAIRE)

« Au quartier général du camp de Conlie,
14 décembre 1870.

« Monsieur le Préfet,

« J'ai pris, il y a peu de jours, le commandement du camp de Conlie, et dès le lendemain j'ai signalé aux préfets d'arrêter tout envoi de personnel vers ce camp, dont je demande au ministre la translation avec toute l'insistance qui m'est permise.

« Sans vous répéter les raisons militaires que j'ai développées au ministre et devant le conseil de défense d'Ille-et-Vilaine (qui les a unanimement approuvées), je puis vous dire que je regarde la situation comme infiniment dangereuse par rapport aux éventualités imminentes de la guerre, et qu'en outre je trouve l'emplacement aussi mal choisi qu'il soit possible de le faire pour un campement d'hiver. Il faut toute la vigueur, la rudesse d'existence et le dévouement qui caractérisent nos vaillantes populations bretonnes, pour qu'on ait pu résister jusqu'à ce jour aux misères et aux maladies que cette situation a produites.

« Pendant que je travaille à changer cet état de choses, il pourrait être utile que vous voulussiez bien me faire connaître vos vues :

« 1º Sur les localités de votre département qui vous sembleraient spécialement bien situées pour l'établissement d'un camp de soixante, de trente, ou de vingt mille hommes ;

« 2º Quelles ressources vous possédez en fait de casernement, pour le cas où, sous la pression des circonstances, il faudrait renvoyer les mobilisés dans leurs départements ;

« 3º Quelles ressources pour loger chez l'habitant, dans les localités situées sur le chemin de fer ;

« 4º Enfin, quelle est votre opinion personnelle sur l'intérêt qu'il pourrait y avoir à laisser dans leurs foyers, jusqu'à nouvel ordre, les hommes qui n'ont pas été appelés, et quelles facilités on trouverait pour les réunir ultérieurement.

« L'oisiveté d'un camp où les circonstances ne permettent de faire aucun exercice, n'est pas un des moindres maux de la situation présente, et il ne m'est pas démontré qu'on ait fait la chose la meilleure en retirant de leurs foyers tant d'hommes qui eussent pu y poursuivre leurs travaux habituels, tout en y complétant leur instruction militaire pendant le temps qu'ils viennent de passer dans la boue. Mais la mesure étant prise (et personne plus que moi ne rend justice aux intentions du député brillant à l'activité de qui on doit la réunion des éléments bretons pour former une armée), la mesure étant prise, dis-je, de réunir les mobilisés dans de grands camps, il faut absolument que nous la rendions compatible avec l'instruction et la santé de ces troupes.

« C'est pour les faire rentrer dans cette voix que j'ai accepté le commandement des contingents d'une province qui m'est chère par tous les liens de mon passé et de l'avenir de mes enfants.

« C'est pour m'aider à y marcher que je fais appel à vos lumières, monsieur le Préfet, et vous prie d'agréer l'expression respectueuse de mes sentiments distingués.

« Signé : H. DE MARIVAULT. »

En même temps, je m'occupais de connaître les soldats et les chefs, de valeur si inégale, et si peu en proportion, le plus souvent, avec les positions occupées.

La division du commandement que j'avais trouvée établie était en quelque sorte géographique, chaque département formait une brigade, qu'on eût pu appeler une division à cause du chiffre de son effectif, sous un général ou un colonel de l'armée auxiliaire ; chaque arrondissement fournissait une ou plusieurs légions, commandées chacune par un lieutenant-colonel et composées de trois bataillons dont les chefs avaient été choisis soit à l'élection, soit directement par M. de Kératry. Le Gouvernement avait cherché à corriger ce vice originel en me donnant pour déplacer, casser ou révoquer ces officiers, la plus grande latitude. Mais avec les éléments dont se composait l'armée, il eût fallu avoir, en l'absence d'indications hiérarchiques, une connaissance personnelle de chaque homme pour le mettre à sa véritable place, et cela n'eût pas fait trouver de militaires là où il n'y en avait pas. J'usai très-peu de la faculté qui m'était donnée de casser des officiers. Je n'usai pas du tout de celle de nommer des cours martiales, pour arrêter par la terreur le découragement, l'inobéissance et la désertion.

Dans une armée qui n'a pas eu d'éducation militaire, qui n'a point d'avancement hiérarchique et où les grades ne sont ni la récompense de services rendus, ni la constatation d'aptitudes supérieures, ni l'objet habituel de l'ambition des subordonnés, on eût cherché vainement à se servir des moyens ordinaires d'intimidation et de discipline. Au fond, les officiers n'avaient qu'une foi médiocre dans les droits que leur conférait leur grade, et les soldats, tout en subissant la pression de ce mot si puissant en France « le gouvernement », ne sentaient point en eux-mêmes la certitude qu'on eût le *droit* de faire d'eux ce qu'on en faisait. Ce qui les retenait ensemble, c'était l'honnêteté bretonne qui ne permettait à aucun d'abandonner ses camarades, et l'estime individuelle qu'ils éprouvaient les uns pour les autres et que commandait en général la personnalité de ceux de leurs officiers dont la vie s'était passée près du même clocher.

Cet état moral m'apparut dès le début. J'en citerai un premier exemple. J'avais pris le commandement par un temps de neige, deux jours après, le dégel était venu ; il pleuvait, le sol détrempé laissait passer l'eau sous les tentes, et dans plusieurs de ces tentes la mince couche de paille étendue sur le sol flottait, tandis que les pauvres soldats, cherchant en dehors des points d'appui où la terre fût assez dure pour soutenir leurs pieds, s'adossaient les uns aux autres sous la pluie qui tombait inexorablement. Ils restaient là ; mais au loin, sur toute cette étendue de camp boueux, on entendait le cri : *A la maison ! A la maison !* A tout instant des officiers venaient me prévenir que leur compagnie *complotait* de partir dans la nuit et, tantôt d'un campement tantôt de l'autre, partait ce cri : « *A la maison !* » avec un ensemble qui montrait comme un scrupule de ces héros de patience dans cette façon de déclarer tout haut ce qu'ils voulaient faire. Je montai à cheval, et les cris cessaient sur mon passage.

Mais à force d'appeler les hommes, je finis par en grouper un grand nombre autour de moi : « Je ne venais point pour faire cesser leurs cris, « mais pour les *comprendre !* pour savoir s'il y avait à faire pour leur « bien-être quelque chose qui fût possible et dont je ne me fusse pas « aperçu ! Ce que je voyais c'était leur misère, c'était cette boue épouvan- « table qui les dévorait, mais la boue c'était toute la campagne ! Déplacer « une tente c'était se priver du peu de terrain sec qui restait sous quel- « ques-unes. Quelqu'un avait-il une proposition à faire qui fût pratique et « raisonnable ? Je le demandais, non comme un chef qui tient à faire « bien voir à ses soldats qu'il a pensé à tout ce qui était à faire, mais « comme un marin qui est au bout de sa science et comme un chrétien « qui cherche le bien ! » En même temps je leur disais tous les ordres donnés depuis deux jours, en prévision du moment où la terre en séchant permettrait de changer de place.

Depuis trente ans je commande à des hommes, depuis vingt-cinq, c'est presque toujours sans avoir moi-même de chef, et souvent dans le péril. Je ne les ai jamais vus, dans la souffrance ou le danger, se tromper sur la réalité des sollicitudes qu'ils inspirent. Cette fois encore, ceux-ci sentaient que je faisais de leurs souffrances les miennes ; je les entendais se dire que j'avais refusé la seule maison qui fût au quartier général, et assez d'entre eux étaient venus à ma baraque pour savoir qu'il y pleuvait aussi ; ceux qui étaient des côtes ou bien de l'une des six paroisses où j'ai des attaches au sol, savaient que j'ai toujours laissé, parmi les marins qui reviennent se mêler à la population, des souvenirs d'affection et de confiance après des années de péril commun ; c'était là, bien plus que mon grade, ce qui les touchait. Quelques-uns crièrent : *Vive le capitaine !* et les cris : *Nous resterons*, remplacèrent bientôt, dans cette plaine boueuse, le cri : *A la maison !*

Il en était ainsi dans toutes les situations ; l'action personnelle de certains officiers connus de leurs hommes était toute-puissante et en appelait facilement de toutes les souffrances aux sentiments les plus élevés de ceux dont ils avaient depuis longtemps l'estime.

Mais le prestige du grade n'existait pas, et cette action personnelle, toute-puissante entre les limites étroites d'un vaisseau, ne pouvait suffire pour discipliner une armée répandue sur un vaste espace, encore moins pour la faire vivre et mouvoir. J'insiste sur cet état moral qui était un élément important de la situation, et pour montrer quelle était alors à ce sujet mon impression, je citerai deux ordres du jour, dont le premier correspond à une époque où tout manquait à la fois et où, le froid ayant repris, les souffrances étaient vives ; où l'on était las de *promesses*, inquiet, surexcité par la date même qui plus qu'aucune autre rappelait la *maison !* A quelle *force*, à quelle *autorité*, et au fond à quel *droit* eût-on pu faire appel si cette masse désarmée s'était en effet consultée et décidée à retourner à la maison ? Une revue qui était annoncée pour le jour de Noël eût été dans ces circonstances une dangereuse occasion de se réunir. Voilà pourquoi ces ordres sont d'un style si peu militaire, il faut y chercher mon appréciation des hommes auxquels ils s'adressaient et l'on sentira qu'il fallait du temps, avec des armes, pour transformer ces hommes en soldats.

« Au quartier général de Conlie, le 25 décembre 1870.

« ORDRE.

« OFFICIERS ET SOLDATS,

« Il s'est produit dans divers services, et notamment dans celui de la solde, des irrégularités que vous supportez bravement, mais dont je tiens à vous donner l'explication.

« Un général habile a concentré sur le Mans une nombreuse armée. Il a fallu tout à coup pourvoir aux besoins de ceux qui viennent de combattre et qui souffrent plus que nous !

« Il est donc naturel que les caisses d'une ville secondaire se soient trouvées épuisées de *monnaie*, et cela ne saurait nous inquiéter.

« Cela ne durera pas.

« J'aurais voulu vous passer en revue et voir de près chacun de vous, à l'occasion de ce jour de Noël qui remue en nous tous des sentiments si chers ! — le froid m'y fait renoncer ; vos besoins et votre bien-être font l'occupation de tous mes instants et la préoccupation de ma vie. Je vous demanderai avec confiance tous les sacrifices utiles ; je ne vous imposerai jamais par ma volonté une heure de peine que je puisse éviter. Je vous connais d'ailleurs avant de vous avoir vus ; élevé parmi vous, je sais ce que sont les frères de ceux qui combattent comme Trochu, comme Charette, comme Rodellec du Porzic, qui était, il y a si peu de jours, vivant et aimé parmi nous.

« Je remets donc à un jour meilleur la revue que je voulais faire, et j'adresse à toute l'armée mes remerciements pour l'union patriotique dont elle fait preuve, pour son courage, pour sa patience, pour toutes les vertus viriles et chrétiennes dont elle fournit des exemples.

« Aujourd'hui, je porte avec vous ma pensée vers ceux qui vous sont chers. Après-demain je vous ferai distribuer des armes nouvelles annoncées de Rennes ; vous les porterez pour l'honneur de la Bretagne et le salut de la France !

« H. DE MARIVAULT-EMÉRIAU,

« Général de division, commandant en chef des contingents
de Bretagne, au camp de Conlie. »

« Au quartier général du camp de Conlie, le 31 décembre 1870.

« ORDRE.

« OFFICIERS ET SOLDATS,

« Le ministre tenant compte des rigueurs de la saison, approuve les mesures déjà prises pour vous diriger en ordre vers des cantonnements meilleurs.

« Vous y recevrez de nouvelles armes, et chacun de vous portant honnêtement tous ses efforts vers ce seul but d'être bientôt un soldat formé, vous ne tarderez pas à vous rendre capables de marcher en avant.

« Pendant la marche, et notamment à Rennes et à Sillé, nos camarades ont trouvé jusqu'à présent une hospitalité empressée, empreinte du souvenir des absents. Ne l'oublions pas !

« N'oublions pas, non plus, que pendant que nous serons cantonnés chez les autres, d'autres seront peut-être cantonnés chez nous : conduisons-nous comme nous voudrions qu'ils le fissent, et par une stricte discipline, par un soin attentif à ne rien détruire, rendons moins lourd ce lourd fardeau de notre présence que la guerre impose à ceux qui souvent ont déjà leurs fils devant l'ennemi. Respectons et faisons respecter ceux au milieu de qui nous nous trouverons placés, et nous arriverons à faire que cette dure nécessité ne soit qu'une occasion de plus de bons rapports et d'estime mutuelle entre les diverses parties de notre pays.

« Mes vœux vous suivront dans vos cantonnements, et j'irai souvent pour y veiller à votre bien-être et à votre instruction, en attendant que nous puissions de nouveau nous réunir là où sera notre devoir.

« *Le général commandant en chef les mobilisés*
de Bretagne,

« H. DE MARIVAULT-EMÉRIAU. »

Mes dépêches et mes lettres, dont il serait inutile de multiplier les citations, ne recevaient point de réponse : l'installation du Gouvernement à Bordeaux, la nature même du personnel improvisé dont s'entourait le délégué de la guerre, m'expliquaient suffisamment ces lacunes, et je n'hésitai point à prendre la responsabilité, qui m'est familière, d'un chef séparé de son gouvernement. Mais j'avais à compter avec les nécessités matérielles de la vie et du mouvement de l'armée à travers un organisme territorial que cette situation prenait au dépourvu ; il faut se figurer quel désarroi eût produit sur ces masses souffrantes et non organisées une lacune d'un seul jour dans l'envoi du pain et de la viande ; il était donc indispensable que des ordres directs du ministère fussent envoyés aux autorités territoriales, et jusqu'au 20 je n'avais reçu pour réponse à mes demandes que des télégrammes dans le genre de celui-ci :

« Bordeaux, 16 décembre, 10 h. 40 m. soir.

« *Guerre à général de Marivault.*

« Veuillez user de votre ascendant pour maintenir votre camp en bon ordre, et par des travaux d'assainissement convenablement exécutés par les troupes, faites en sorte que les hommes n'aient pas trop à souffrir de l'humidité. Nous espérons pouvoir les armer prochainement et donner dès lors un nouvel aliment à leur activité.

« *Signé* : DE FREYCINET. »

S'il y eût eu un moyen d'assainir le camp par des travaux , il eût fallu des outils pour les faire , et nous n'en avions d'aucune espèce, les travaux de fortifications avaient été exécutés par des ouvriers *civils* à l'époque où l'on avait sur place 40,000 paysans sans armes. Par une sorte de coïncidence ironique, l'armée du Mans, qui nous croyait toujours munis de tout en abondance, nous demanda en même temps 4,000 outils, la division Gougeard nous demandait des vêtements et des chaussures, il était question de nous demander des armes : tant on savait peu, dans chaque centre d'action, l'état de dénûment des autres, toujours représentés par les dépêches du ministère comme étant dans une situation relativement prospère. En présence de cette difficulté d'entrer en explications et d'obtenir des ordres, j'envoyai à Bordeaux mon chef d'état-major avec une lettre que je citerai plus loin, afin d'être certain que l'on n'ignorât pas quelle était en ce moment mon appréciation de la situation. Presque en même temps je faisais réunir le Conseil d'administration, pour recevoir de l'intendant des communications qui pussent servir de point de départ à la situation administrative qui remplaçait le *Commissariat général* de l'armée de Bretagne. Ce rapport et la lettre d'envoi au ministre complètent le tableau de l'état du camp à ce moment. Il indique suffisamment tout un ordre de difficultés avec lequel nous avions à lutter pour vivre.

« *A monsieur le Ministre de la guerre.*

« Conlie, le 24 décembre.

« MONSIEUR LE MINISTRE ,

« J'ai l'honneur de vous adresser le rapport du Conseil d'administration, dont j'ai provoqué la réunion hier pendant que j'étais en conférence avec le général Chanzy sur les nécessités d'évacuation , dont il a dû vous entretenir de son côté. J'appelle votre attention sur l'absolue nécessité d'une solution immédiate, et j'ajoute que, par suite de l'état d'apparente banqueroute, résultant vis-à-vis des fournisseurs de l'absence de crédit, *nous allons manquer de pain dans quelques jours et de viande au premier janvier.*

2

« Je fais partir demain matin une nouvelle légion pour Laval, avec l'espoir que le préfet de la Mayenne voudra bien la cantonner dans son département ; d'autres suivront avec la promptitude que permettront les moyens de ravitaillement en l'absence de la voie ferrée, absorbée par les besoins de l'armée du Mans.

« J'agis comme si j'avais des ordres ; mais je ne suis pas le seul à qui il faut en envoyer absolument, et de nouveau je vous demande avant tout d'ouvrir, à Rennes et à Laval, les crédits nécessaires à la vie de chaque jour.

« Je suis avec respect, Monsieur le ministre, votre obéissant serviteur,

« *Signé* : DE MARIVAULT. »

---

*Procès-verbal de la séance tenue par le Conseil d'administration
du camp de Conlie le 23 décembre 1870.*

Le Conseil d'administration composé de :

MM. Carré-Kérisouët, président ;
  Rousseau, colonel du génie ;
  De la Martinie, colonel, chef de brigade ;
  Descrime, intendant militaire ;
  Martin, médecin en chef.

Au début de la séance, M. l'intendant militaire donne lecture à l'assemblée de l'exposé suivant sur la situation à son arrivée au camp de Conlie :

« Dès les premiers jours de mon arrivée au camp, j'ai été préoccupé de la situation anormale faite à l'administration : d'une part, les crédits ouverts à M. de Kératry, suspendus brusquement du jour de sa démission et arrêtant la liquidation des dépenses de diverses natures antérieures au 1er décembre ; d'autre part, un administrateur nouveau, arrivant dénué de tous crédits pour assurer les dépenses à venir.

« Cet état de choses, en se prolongeant, devait forcément s'aggraver et arriver à ce point de compromettre l'existence même du camp de Conlie, en paralysant l'exécution des services administratifs. Nous touchons précisément à ce moment critique, et j'ai tenu à exposer la situation dans tout son jour au Conseil d'administration du camp.

« Dès son entrée en fonctions, l'administration militaire a trouvé le service assuré par divers marchés passés par l'administration de l'armée de Bretagne.

« Ces marchés ont tous été acceptés pour le compte de la guerre, car ils étaient avantageux pour le Trésor ; quelques-uns de ces marchés sont encore en cours d'exécution ; d'autres ont été renouvelés par mes soins, et voici un rapide aperçu des ressources dont dispose l'administration du camp de Conlie.

« *Pain.* — Production journalière assurée jusqu'au 31 décembre, pouvant atteindre le chiffre maximum de 39,000 kilog. L'un des marchés de 10,000 kilog. se trouve très-compromis aujourd'hui par suite des difficultés qui font précisément le sujet du présent rapport, mais il va y être suppléé par un nouveau marché dont la production atteindra 15,000 kilog.

« *Viande.* — Le service de la viande est assuré par un marché valable jusqu'au 10 janvier ; la quantité à fournir est indéterminée et n'a d'autres limites que les besoins de l'administration.

« *Le vin et l'eau-de-vie* sont livrés sur commande, en vertu d'un marché passé par l'administration de l'armée de Bretagne et dont la durée est indéterminée.

« *Bois.* — Des marchés considérables, passés avec divers fournisseurs, assurent dès ce moment un approvisionnement de près d'un mois.

« *Paille.* — C'est la denrée la plus difficile à obtenir. J'ai quatre marchés m'assurant 420,000 kilog. ; mais les livraisons ne se font pas, et je crains que les engagements ne soient pas tenus si je n'arrive pas promptement à payer les envois antérieurs.

« Enfin les vivres de campagne me sont envoyés des magasins de l'Etat sur les demandes que j'adresse au ministre.

« Cette exposition est rassurante au premier aspect ; mais il ne faut pas oublier que l'exécution des marchés que je viens d'énumérer *est subordonnée au paiement prochain des fournitures déjà faites. Tous les fournisseurs ont fait des avances considérables, dont quelques-unes approchent du chiffre de 150,000 francs.*

« *Ils n'ont rien reçu depuis le 1er décembre, et leur crédit est épuisé.* Les plus compromis sont certains titulaires de marchés pour le pain, représentant des syndicats de petits boulangers n'ayant qu'un crédit très-limité et aujourd'hui à bout de ressources.

« Je n'ai parlé que des marchés les plus importants, mais il est d'autres services dans le camp envers lesquels il a été contracté des *dettes criardes* qu'il y aurait urgence d'acquitter. Je veux parler des voituriers requis, des petits propriétaires qui, dans un rayon assez étendu et dans des moments d'urgence, ont été requis de livrer des denrées De tous côtés s'élèvent des réclamations, auxquelles il m'est impossible de satisfaire.

« Sur mes instantes demandes, et grâce surtout à l'intervention de M. de Kérisouët, j'ai reçu depuis quelques jours un crédit d'un million ; dont je n'ai pu du reste disposer jusqu'ici, par suite d'un défaut de formalités. Il reste à savoir si ce million reste affecté exclusivement à la solde des troupes, ou s'il pourra servir à payer les divers services.

« J'attends les instructions du ministre à cet égard. Dans le premier cas, ce crédit ne modifie en rien la situation que je viens d'avoir l'honneur de vous exposer, et l'administration du camp va devenir *impossible* sous peu de jours ; dans le second cas, les arriérés de solde et de fournitures auront complétement absorbé le crédit, mais du moins les à-comptes donnés aux créanciers leur faciliteront de nouvelles avances, qui assureront le service pour quelques jours.

« En ce qui concerne le paiement des créanciers, je désirerais voir établir nettement la distinction entre celles qui incombent à l'ancienne armée de Bretagne, et celles qui restent à la charge de l'administration de la guerre pour tous les marchés passés par celle-ci depuis le 1er décembre, ou acceptés par elle. En fait de subsistances de l'armée de Bretagne, il ne saurait y avoir de doute : c'est l'intendance qui doit payer ; je pense même qu'il lui appartient de payer les créances arriérées et subsistances antérieures au 1er décembre, ainsi que tous les arriérés de solde.

« Par contre, toutes les dépenses du génie et de l'artillerie, de l'habillement et du campement, effectuées en vertu de marchés par l'armée de Bretagne, doivent incomber à son administration, quand même les livraisons ou les travaux exécutés en vertu de ces marchés auraient eu lieu postérieurement au 1er décembre. Dans ce cas il serait urgent et indispensable qu'un nouveau crédit, pris sur les 8 millions primitivement alloués, fût immédiatement ouvert au Conseil d'administration.

« Comme conséquence du rapport que je viens de lire au conseil, j'ai l'honneur de lui proposer les résolutions suivantes :

« Demander au ministre :

« 1º Que le crédit d'un million, ouvert sur le trésorier-payeur du Mans, puisse être affecté au paiement des divers services du camp, transports, subsistances, campement ;

« 2º Qu'un crédit de 500,000 fr. soit ouvert d'urgence pour lesdits services si le million dont il vient d'être parlé doit rester exclusivement consacré à la solde ;

« 3º Que tous les marchés antérieurs au 1er décembre, passés par l'armée de Bretagne pour les travaux du génie, l'artillerie et le campement, soient liquidés par elle, et qu'un nouveau crédit soit ouvert d'urgence dans ce but au conseil d'administration du camp de Conlie. »

Considérant que l'exposé ci-dessus présenté au conseil d'administration par M. l'intendant militaire résume bien la situation et les besoins à venir du camp de Conlie, les conseillers d'administration approuvent le rapport ci-dessus.

Signé :

Le vice-président du camp, président, CARRÉ-KÉRISOUET.
Le chirurgien major, MARTIN.
Le colonel-instructeur du camp, DE LA MARTINIE.
Le colonel du génie, ROUSSEAU.
L'intendant, DESCRIME.
Le secrétaire-rapporteur, D'ESPIVENT.

Voici maintenant le texte de la lettre que mon chef d'état-major remit de ma part, à Bordeaux, au ministre de la guerre :

« Le Mans, 22 décembre 1870.

« MONSIEUR LE MINISTRE,

« La proximité de l'ennemi m'interdisant la possibilité de quitter Conlie, j'envoie près de vous M. de Vauguion, mon chef d'état-major général, pour appeler directement votre attention personnelle sur la situation anormale de l'armée de Conlie, sur laquelle il peut mieux vous renseigner que personne, car il a été jusqu'à présent la cheville ouvrière de tout le service, et j'ai été fort étonné qu'on refusât de nommer instructeur en chef et général de brigade un militaire de ce mérite, qui voulait bien accepter cette situation. Il est indispensable que vous veuilliez bien donner *une heure d'attention* à ce grand intérêt et comprendre que s'il eût été bien entendu depuis deux mois, Chanzy aurait aujourd'hui les 30,000 hommes de troupes fraîches et de valeur supérieure, qui décideraient entre ses mains du sort de la lutte actuelle.

« Vous n'êtes, et je crains que M. de Freycinet ne soit aussi, qu'incomplètement renseigné sur ce point. Vous le serez parfaitement après avoir causé avec M. de Vauguion. Il vous dira que j'ai trouvé à Conlie 46,000 hommes désarmés, mal vêtus, non chaussés, sans campement et sans solde régulière, paralysés dans un marais où toute leur industrie s'employait à se tenir denir debout et à se tenir secs, sans qu'il y eût ni possibilité de faire un exercice, ni temps à y consacrer. Dans un camp sec et baraqué, pourvus d'armes et d'équipement, ces hommes fussent devenus pendant le même temps de bons soldats.

« En outre, la position militaire n'est plus seulement compromise par une pareille agglomération qui n'a aucun moyen de retraite ; elle est devenue un embarras pour l'armée de Chanzy, à qui elle crée *une condition de plus à ménager* : il vous avisera lui-même à ce sujet Par ces considérations et en l'absence de réponse catégorique à mes dépêches, j'ai préparé le mouvement de retraite dès que la nécessité en est devenue évidente à mes yeux, et je l'ai commencé (après avoir vu le général Chanzy) par l'envoi à Rennes de 12,000 hommes environ, qui vont former un camp ou être cantonnés, — selon l'accord fait entre le préfet et le colonel Pâris (excellent lieutenant-colonel de l'armée — pour qui je n'ai pu, non plus, obtenir le grade de général auxiliaire.) — J'ai envoyé en outre dans la forêt de Sillé 10,000 hommes du Morbihan, qui y trouvent du bois, de l'eau et un peu d'abri, ce qui dégage d'autant le camp de Conlie et permet aux 20,000 hommes qui restent de choisir parmi les moins mauvais campements.

« Vous avez vu la position et vous y avez envoyé un général (Haca) qui a dû vous renseigner sur l'inanité de sa valeur militaire. Je n'en ai pas moins fait achever la redoute fermée, où l'on peut (si Chanzy l'accepte, ce sur quoi il n'est pas fixé) laisser dans tous les cas une garnison, dont la retraite ou l'emploi sera toujours facile.

« Mais il faut absolument ne voir dans les contingents de mobilisés qu'une armée de réserve, qu'il faut pourvoir de tout et *laisser en repos pour s'exercer et se former*, pendant les quelques semaines qui peuvent encore s'écouler avant qu'elle ait à défendre le sol même de la Bretagne, si l'ennemi ose s'étendre jusque là, et à cet effet il faut accueillir, comme venant de moi, les demandes qui vous seront faites par le colonel de Vauguion.

« Je lui laisse le soin de vous en exposer le détail, et je fais appel à votre patriotisme pour cet intérêt capital.

« Je suis avec respect, monsieur le ministre, votre obéissant serviteur,

« *Signé :* De Marivault. »

Quelques jours après, M. de Vauguion avait vu le ministre et les directeurs ; il y avait trouvé beaucoup de bonne volonté dans beaucoup de confusion, et il me télégraphiait de Bordeaux :

« Bordeaux, 26 décembre 1870.

« *Chef d'état-major à général commandant en chef, Conlie.*

« Avez dû recevoir l'ordre de cantonner les troupes. — Longue conversation avec intendant Férot. Tout est arrangé : solde, vivres et habil-

lements selon demandes de chefs de corps ; capotes, le juste nécessaire.
Dois voir Freycinet à 9 heures.

« Signé : DE VAUGUION. »

Et en effet, divers ordres ne tardèrent pas à être donnés, mais ni capotes, ni armes n'arrivèrent. Cependant tout ce que j'avais fait par avance devenait par là régulier, et dans chaque cantonnement allaient commencer les exercices, qui marchaient en même temps que les préparations d'équipement faites par les corps.

Enfin, le 30 décembre, en adressant au ministre le rapport hebdomadaire des différents chefs de service, j'y joignais cette lettre qui montre ce qu'était devenue la situation de Conlie lorsque les Allemands commencèrent à resserrer les positions de l'armée de la Loire :

« Au quartier général de Conlie, le 30 décembre 1870.

« MONSIEUR LE MINISTRE,

« J'ai l'honneur de vous adresser le rapport prescrit par votre circulaire du 22 décembre 1870. J'y joins celui du médecin en chef et j'ajoute que la situation générale du camp s'est beaucoup améliorée par le départ de 24,835 hommes, actuellement cantonnés dans l'Ille-et-Vilaine. Trois bataillons sont partis pour la même destination ce matin et trois autres partiront chaque jour jusqu'à épuisement des douze bataillons des Côtes-du-Nord, qui seront cantonnés dans les arrondissements de Fougères et de Vitré par les soins du général Kérisouët. Nous avons dû renoncer aux cantonnements de la Mayenne, par suite des difficultés administratives.

« Il y a d'ailleurs, dans la présence des mobilisés en dehors de la circonscription qui les fournit, quelque chose d'inconciliable avec l'article 13 du décret d'organisation, et qui était une des difficultés de la situation de Conlie.

« Les troupes qui sont en mouvement et celles qui sont cantonnées, en attendant l'appropriation d'un lieu au nouveau camp d'instruction dont vous admettez le principe, sont diversement traitées par les intendances territoriales. Il importerait qu'elles fussent toutes sur le pied de 1 fr. par jour sans autre allocation, ce qui suffirait pour les faire vivre à l'ordinaire jusqu'à ce qu'elles fussent rentrées en jouissance des vivres de campagne.

« Je vais me rendre à Rennes pour activer la création du nouveau camp, de concert avec le préfet et avec le conseil de défense, ne laissant ici autour de mon quartier général que six bataillons d'Ille-et-Vilaine et le personnel de l'artillerie et du génie, lesquels seront presque tous logés dans les baraques ou maisons dispersées sur l'étendue du campement et y continueront leur instruction d'une manière efficace. Ce personnel suffira amplement aux mouvements d'évacuation de munitions ou d'artillerie que vous ordonneriez de nouveau vers divers points, et qui s'achèvent en ce moment en ce qui concerne les vingt pièces envoyées à Besançon.

« Je n'ai point vu arriver les deux sous-intendants dont vous m'avez annoncé la nomination. J'ai le regret aussi de n'avoir point reçu de réponse aux propositions que je vous ai adressées du grade de général de brigade en faveur de MM. de Vauguion, Pâris et La Martinie.

« L'organisation si insuffisante du commandement avec les éléments dont je dispose devient d'autant plus difficile que les grades, acquis par des nominations antérieures à l'organisation présente, créent des situations avec lesquelles il faut compter si l'on veut entourer de quelque respect les grades de l'armée auxiliaire. Je fais faire un relevé de ces divers grades et de leurs origines ; c'est un long travail, en raison du manque absolu d'archives et de documents officiels. J'avise à ce que mon successeur trouve un peu plus de traces du passé.

« Je suis avec recpect, monsieur le ministre, votre obéissant serviteur,

« *Signé :* DE MARIVAULT. »

Les 20 pièces dont il est parlé étaient celles de la redoute que le général Haca, qui venait d'être nommé directeur du personnel, avait pu apprécier par lui-même, et qu'on expédiait à Besançon ; les autres furent peu après dirigées sur le Mans, sur la demande de Chanzy ; il ne restait donc alors de la redoute que son enceinte en terre et des baraques remplies de vivres de campagne (lard et biscuit) conservés là pour s'y trouver sur le chemin de la retraite, tandis que le reste de notre approvisionnement était conservé sur la voie dans 28 wagons fermés qui plus tard nous rendirent de grands services.

Il arrivait bien encore de divers bureaux des ordres divergents et quelquefois contradictoires ; les circonstances expliquaient beaucoup d'irrégularités. Mais ce qui y dominait c'était l'absence de la notion du temps qui doit s'écouler entre le moment où une opération est ordonnée à Bordeaux et celui où elle peut être exécutée sur place ; ainsi le 2 janvier je recevais ce télégramme :

« On se plaint que vos hommes de Conlie ne sont pas armés. Qu'avez-vous donc fait des *42,000 springfields* qui vous ont été délivrés ? Réponse urgente.

« *Signé :* DE FREYCINET. »

Les 42,000 springfields étaient ceux dont le débarquement avait été effectué à Brest du 21 au 27 décembre, et dont la distribution s'accomplissait alors, à plus de cent lieues de ce port, dans des conditions de hâte qui devaient faire négliger tout contrôle, mais qui ne pouvaient supprimer le temps et la distance, et ce ne fut que le 7 janvier qu'arrivèrent à destination les dernières caisses d'armes (que d'ailleurs le général Chanzy réclama pour ses troupes).

C'étaient des fusils rayés, à baguette, fabriqués pour la plupart pendant la dernière guerre d'Amérique avec toute la négligence que permettaient les circonstances de ce temps-là. Ces armes n'avaient point été *repassées* et ce défaut d'ajustage empêchait les baïonnettes de tenir au canon, les baguettes de se tirer ; les ressorts jouaient sans bruit ; beaucoup de marteaux ne tenaient pas au cran du repos, ou ne tombaient pas d'aplomb sur la cheminée, ou bien n'y tombaient pas assez fort pour écraser la capsule ; il y avait même des cheminées qui n'étaient pas forées, et enfin les cartouches, accumulées depuis longtemps dans les magasins, ne contenaient souvent qu'une masse noire agglomérée à la place de la poudre en grains. Quelques-unes contenaient du plomb de chasse, et presque toutes, devenues carrées à la base par la pression des balles les unes contre les autres, ne pouvaient pénétrer dans le canon qu'après qu'on en avait abattu les angles. Celles que l'on réussissait à faire partir contenaient si peu de poudre qu'on voyait souvent tomber les balles à 50 mètres sur la neige, et les efforts faits pour donner confiance dans ces armes en les faisant tirer devant la troupe par quelques officiers, n'ont abouti qu'à persuader à chaque homme qu'il avait dans les mains une arme qui eût été impuissante même s'il eût su s'en servir ; or, la plupart des hommes n'avaient jamais eu en même temps une arme et les munitions de cette arme réunies à sa portée. Afin de préciser l'époque de la distribution, de ces munitions, je citerai deux télégrammes des chefs de brigade à Rennes et à Vitré :

« Rennes, 7 janvier 1871, 1 h. 50 soir.

« *Colonel Páris à général de Marivault, Conlie.*

« Couru à la gare aussitôt après réception de dépêche, pour expédier wagons de cartouches : visité un, puis plusieurs ; il n'y a peut-être pas *un trentième* des cartouches qui soient pour springfields, tout le reste est pour carabines Minié, fusils Enfield ou Rifles ; je vous en expédie près de 1,600,000 au lieu d'un million, afin que vous fassiez triage. Dans ces conditions, faut-il continuer envoi des springfields ? Faut-il donner aussi ces munitions aux colonels Coniac et Jéhenne ? »

« Vitré, le 10 janvier 71, 3 h. 10.

« *Colonel La Martinie à général de Marivault, Conlie.*

« Je viens de recevoir armes ce matin seulement ; vais expédier aux détachements. Je n'ai pas de cartouches ; on me répond de Rennes que celles en magasin *ne sont pas de calibre.*

« Signé : DE LA MARTINIE. »

« Le Mans, 10 janvier 1871, 11 h. 2 soir.

« *Général Chanzy à général de Marivault, Conlie.*

« Au reçu de cette dépêche, faites diriger sur le Mans 4,200 springfields ; il est urgent qu'ils arrivent cette nuit à 1 ou 2 heures.

« Signé : CHANZY. »

Mais j'anticipe sur la date à laquelle se rapporte la première tentative d'organisation dans les cantonnements. La qualité des armes et même l'absence d'armes n'empêcha pas de faire l'exercice dès que ce fût possible ; les désarmés montaient la garde avec des bâtons de tentes et faisaient l'école du peloton. Les officiers, en travaillant ainsi à leur propre instruction, apprenaient à connaître leurs hommes et à se connaître entre eux ; l'habitude de la vie en campagne se généralisait, l'équipement tendait à se compléter, et bien qu'on manquât encore de clairons, de bretelles, de fourreaux de baïonnettes, de graisse, de nécessaires d'armes, on s'ingéniait à y remédier par mille industries et l'on se fiait aux promesses d'armes perfectionnées que le télégraphe nous apportait, sans penser que c'était le temps où les gardes nationales de Toulouse et de Marseille les réclamaient plus bruyamment et les obtenaient par surcroît. Le délégué de la guerre, pendant que s'établissait cet état de choses, m'avait envoyé les télégrammes suivants :

« Bordeaux, 30 décembre 1870.

« *Guerre à général commandant le camp de Conlie.*

« Les camps d'instruction créés par le décret du 25 novembre sont des institutions permanentes et non destinées à disparaître avec l'état de guerre. En conséquence, l'absence éventuelle des mobilisés qui, pour des raisons militaires, peuvent être dirigés immédiatement sur d'autres points, ne doit faire différer en rien l'installation du camp, non plus qu'affranchir les départements de l'obligation de contribuer à la dépense. Veuillez donc poursuivre avec une énergie nouvelle les préparatifs d'installation. Faites-moi connaître, s'il en existe, les obstacles, de quelque nature qu'ils soient, qui-pourraient s'opposer à l'exécution des travaux. Le Gouvernement aplanira les obstacles. Vous seul serez donc responsable des retards que cette installation pourrait subir.

« *Signé* : DE FREYCINET. »

« Bordeaux, 1er janvier 1871, 2 h. 25 s.

« *Guerre à général de Marivault, Conlie. En communication au général Chanzy.*

« Je vous prie instamment de pousser avec la plus grande activité possible l'instruction de vos hommes sur les divers points où ils sont cantonnés. Étudiez attentivement les officiers et remplacez d'office, par des nominations provisoires que vous ferez vous-même, aux termes de l'article 7 du décret du 25 novembre, tous ceux qui ne vous paraîtront pas convenir à leur emploi. Au fur et à mesure que vous aurez des bataillons en état d'entrer en ligne, vous en aviserez le général Chanzy et les tiendrez à sa disposition. J'estime que bon nombre de bataillons doit être prêt pour le 15 courant, et je compte sur votre patriotisme pour ne pas dépasser cette date.

« *Signé* : DE FREYCINET. »

C'est au moment où tout semblait ainsi prendre une tournure basée sur l'état réel des choses, où la marche du temps allait être mise à profit, que je reçus en communication la dépêche suivante, adressée au Mans de Bordeaux, 5 janvier, 4 h. 10, soir :

« *Guerre à général Chanzy. — Communiquer à général de Marivault.*

« Je réponds à votre dépêche d'hier, 6 h. 45 soir. J'ai tout lieu de croire, d'après les dépêches du général de Marivault, que l'armement des hommes de Conlie est beaucoup plus avancé que vous ne le supposez. Quoi qu'il en soit, vous êtes pleinement autorisé à demander à M. de Marivault de mettre ces hommes à votre disposition aussitôt qu'ils seront armés, et formés *ou non* en bataillons. Tous les hommes de Conlie, sans exception, vous sont destinés, en vue d'occuper les positions que vous leur assignerez. Le général de Marivault, qui est animé du plus vif désir de faciliter *vos opérations et qui s'y emploie avec beaucoup d'activité*, vous remettra avec empressement tous les hommes que vous lui demanderez, et si les armes n'arrivaient pas assez tôt, *il ferait en sorte d'en presser* l'envoi. Concertez-vous donc avec lui, et vous aurez toute satisfaction de ce côté. Il est prévenu par moi, et je n'aurai nul besoin d'intervenir dans cette transmission de troupes, pleinement autorisée d'avance, je le répète.

« Quant à la cavalerie et l'artillerie que vous réclamez, il faudra que vous preniez patience pendant une douzaine de jours. Nous employons toutes nos ressources pour le 19ᵉ et le 20ᵉ corps qui vont passer sous vos ordres, et dont l'organiaation est encore plus urgente que celle des *troupes en arrière*. Mais nous ne perdons aucun besoin de vue.

« Signé : DE FREYCINET. »

C'était la première fois que je me trouvais directement impliqué dans ces traductions optimistes, faites dans un esprit dont je ne conteste pas, pour ce cas spécial, la bonne intention.

Cette dépêche, si complétement en contradiction avec les miennes, qui ne péchaient certes pas par manque de netteté, exprimait cependant de la part du Gouvernement une très-grande confiance en moi, et devait me faire penser que le général Chanzy tiendrait grand compte de mes appréciations sur l'appropriation des troupes à l'emploi qu'il en voudrait faire. J'allai le voir, après lui avoir envoyé sans observation toutes nos compagnies d'artillerie avec le matériel. Il demandait en outre toute l'infanterie pour occuper, disait-il, toutes les positions qu'abandonnerait son armée en *se portant en avant*.

J'ai dit mon respect pour cette forme de langage, exigée peut-être par les circonstances, et ce fut en la ménageant autant que la sincérité le permettait, que je représentai très-nettement l'incapacité actuelle des bataillons restés au camp et l'insuffisance de leur armement. Je trouvais nécessaire de les laisser se former pendant quelque temps encore là où ils étaient, et, dans tous les cas, j'insistais pour que, après les avoir pourvus des munitions qui leur faisaient défaut, on ne les plaçât que dans une position fixe, fermée s'il se pouvait, et où il fut bien entendu qu'ils n'auraient pas à compter sur leurs propres ressources pour se nourrir et s'approvisionner de munitions. Le général était très-souffrant; surmené par les événements et par son propre courage, il ne pouvait dans ce moment donner à mes raisons toute l'attention qu'il eût peut-être prêtée, en d'autres circonstances, à un officier qui dans une carrière parallèle a été longtemps son supérieur et son ancien. Sous l'impression des dépêches optimistes qu'il recevait, il croyait trouver à Conlie plus de troupes qu'il n'y en avait réellement et, sans s'arrêter à la qualité, il disait qu'une fois *en tas* ces troupes se battraient comme d'autres. Bref, il avait besoin de son temps et de ses forces qu'il ne pouvait détourner sur cette question ; renfermé tout entier dans l'action qu'il dirigeait, il devait y subordonner toute préoccupation d'un autre ordre , comme je l'eusse fait moi-même , du moment où j'aurais été placé sous ses ordres.

Mais, tant que durait l'indépendance de mon commandement, je jugeais la situation avec mes propres lumières, et je ne doutais nullement que mon devoir formel ne fût de ménager les ressources bretonnes pour l'époque de leur efficacité. J'étais certain que leur emploi présentait plus de dangers que d'avantages, et la douleur que j'eus de ne pouvoir convaincre le général se rapportait à lui en même temps qu'à mes troupes.

Nous nous séparâmes sur cette parole « qu'il allait demander au « ministre de me placer entièrement sous ses ordres ».

Et le lendemain, 7 janvier, le général Chanzy, malgré mes protestations de la veille, ayant appelé au Mans tout ce qui restait de mobilisés à Conlie, lesquels furent effectivement envoyés le 8, je crus devoir dégager ma responsabilité des suites qu'il était aisé de prévoir, en adressant, dans la nuit du 8 au 9, la dépêche suivante au ministre de la guerre.

« De Conlie à Bordeaux.

« *Général Marivault à Guerre, — Communiquer à tous les membres du Gouvernement.*

« Vous m'avez toujours dit de mettre à disposition de Chanzy les hommes formés ou non en bataillons, et de ne pas m'occuper de l'usage à faire de ces forces.

« Le général paraît s'attendre à trouver des troupes organisées, armées et approvisionnées ; vous savez que c'est tout le contraire de la situation; je vous ai fait connaître fréquemment à ce sujet toute la vérité.

« Je fais tout le possible pour servir l'intention du général, regrettant autant que lui l'impuissance contre laquelle il s'irrite. Veuillez lui dire nettement que mon poste est au camp d'instruction et non ailleurs, et que je ne saurais accepter aucun genre de responsabilité dans l'emploi qu'il fera des éléments qui ont fait partie de mon commandement.

« Hier, 8,000 hommes ont été mis à sa disposition ; 1,000 , qui restent à Conlie, y seront demain , d'autres sont en marche au risque d'encombrer ses lignes de retraite.

« *Signé :* MARIVAULT. »

Cette dépêche se croisa avec deux autres, l'une qui me plaçait sous les ordres du général Chanzy, l'autre qui m'appelait au Mans ; voici la première :

Bordeaux, le 9 janvier 1871, minuit.

« *Guerre à général de Marivault. Le Mans et Rennes.*
Communiquer au général Chanzy.

« La défense du pays exige que, dans vos contrées, le commandement
supérieur de toutes les forces soit concentré dans les mêmes mains. En
conséquence et *provisoirement*, vous serez placé sous la direction du
général Chanzy, au même titre qu'un *commandant d'un corps d'armée*
est placé sous les ordres du général en chef de l'armée. La totalité des
forces mobilisées de Bretagne constituera en quelque sorte votre corps
d'armée. Vous le réunirez, l'embrigaderez et l'armerez. Vous en dispo-
serez pour la défense des positions qui seront assignées par le général
Chanzy.

« La tâche qui vous échoît vous paraîtra peut-être lourde, mais elle
n'est au-dessus ni de votre patriotisme ni de vos talents, et vous ferez
avec joie le sacrifice momentané de votre indépendance pour contribuer
d'une manière plus efficace et plus directe à l'œuvre si importante
que poursuit le général Chanzy. Nous comptons sur votre excellent
esprit pour que cette collaboration soit aussi féconde que possible. Je
vous engage à vous transporter immédiatement au Mans avec votre personnel et à vous mettre en rapport avec le général en chef. Par la présente vous avez pleins pouvoirs pour y réunir et préparer les forces, dans
la mesure qui vous paraîtra pratique et raisonnable. Le *Gouvernement*
vous tiendra compte des services que vous allez lui rendre dans cette
grande et difficile position.

« *Signé :* DE FREYCINET. »

Plût au ciel qu'il se fût agi, en effet, du sacrifice momentané de mon
indépendance ! Si mon amour-propre eût été en jeu, il eût trouvé ample
satisfaction dans le ton plus que courtois de cette dépêche et dans ce
grand commandement d'un *corps d'armée*, si supérieur à mes ambitions
légitimes, donné dans des circonstances qui assurent toujours un certain reflet de popularité à ceux qui y font, même dans l'insuccès, leur
devoir personnel. Je n'avais point de réputation professionnelle à compromettre hors de mon arme spéciale, et j'avais à côté de moi des exemples de marins qui acquéraient, au milieu de nos revers, les titres les plus
légitimes à l'estime du pays. Servir sous les ordres de Chanzy n'était pas
pour moi une objection, c'était une tentation.

Mais si ma conscience eût pu être endormie par les séductions offi-
cielles, elle eût été réveillée par la dernière phrase de ce télégramme qui
m'offrait en quelque sorte le prix de ma complicité dans l'exposition,

aux yeux du pays et à ceux du général, d'un état de choses différent de la vérité : système odieux auquel nous avons dû les plus amères de nos déceptions patriotiques, et qui fait que ceux qui l'emploient voient de moins en moins clair dans l'obscurité qu'ils font, pour les autres, autour d'eux-mêmes.

J'étais venu à Conlie pour empêcher les mobilisés bretons d'être sacrifiés, et dans mon impuissance à les rendre dès ce moment capables de combattre, je devais faire tout au monde pour conserver à la Bretagne cette partie de sa population.

Je m'empressai donc, *tout en donnant cours aux mouvements immédiats que demandait le général Chanzy*, d'agir en ce sens par tous les moyens que comportait cette époque irrégulière.

Je commençai par répondre au dernier télégramme du délégué à la guerre (M. de Freycinet), en signalant les manques principaux qui caractérisaient ce qu'il appelait « mon corps d'armée » et en protestant de nouveau contre l'emploi qu'on voulait en faire. Et comme il fallait cependant prévoir la persistance de cet ordre et, dans ce cas, se donner tout entier à l'exécution, j'écrivis avec plus de détail au ministère en vue de cette double hypothèse : 1° formation d'une armée de réserve derrière la Mayenne ; 2° entassement au Mans des mobilisés tels qu'ils étaient.

Mais pour qu'il ne pût y avoir doute pour personne sur mon véritable sentiment, j'adressai en même temps par télégraphe deux protestations, l'une *à tous les membres du gouvernement de Bordeaux*, l'autre, plus personnelle, aux deux seuls membres de ce gouvernement que j'eusse jamais vus, M. l'amiral Fourichon et M. Glais-Bizoin, qui est Breton, et qui pouvait comprendre combien il fallait que je fusse sûr de ce que je disais pour le dire en de tels termes et en de telles circonstances.

Voici d'ailleurs le texte même des trois derniers télégrammes dont je viens de parler.

« Conlie, le 9 janvier 1871.

« *Général de Marivault à M. de Freycinet, Bordeaux.*

« Pour que les mobilisés placés actuellement sous mon commandement puissent représenter un corps d'armée capable d'opérer dans un rayon donné, il faudrait avant tout : — 1° que ce rayon fût très-petit, bien déterminé, fortifié par des ouvrages de campagne ; — 2° que les approvisionnements fussent assurés en vivres et munitions, au moyen d'un matériel roulant ; — 3° que cette armée reçût ce qui lui manque en fait d'état-major, de prévôté, de cavalerie, d'artillerie (personnel) ; — 4° une organisation divisionnaire avec des états-majors de divisions formés d'officiers réguliers d'état-major ou en ayant fait le service ; — 5° qu'enfin les hommes fussent armés, approvisionnés de cartouches, chaussés et vêtus. Tout cela était en voie d'exécution à peine commencée.

« Employer ces éléments d'une façon *différente,* c'est détruire d'avance toutes les réserves du pays.

« *Signé* : DE MARIVAULT. »

« Conlie, le 9 janvier 1871.

« *Général Marivault à amiral Fourichon et à M. Glais-Bizoin, Bordeaux.*

« Je fais appel à votre honnêteté patriotique pour que vous représentiez quel crime stérile ce serait de pousser *en tas* nos mobilisés à peine armés, sans cartouches et sans souliers, au devant d'une destruction qui anéantirait tout espoir d'une résistance ultérieure.

« Leur place est à Vitré, quand ils auront tiré quelques coups de fusil, et non au devant de l'ennemi, où leur accumulation ne serait qu'un obstacle.

« Chanzy s'irrite qu'ils soient ce qu'ils sont ; mais ce n'est pas avec ses désirs, c'est avec les faits qu'il faut compter à la guerre.

« *Signé* : DE MARIVAULT. »

« Conlie, 9 janvier 1871.

« *Général Marivault à chacun des membres du Gouvernement, à Bordeaux.*

« Veuillez vous reporter à ma dernière dépêche. J'ai mis à la disposition du général Chanzy six bataillons mal armés du général de Lalande ; six autres sont en route pour le rejoindre, et un à Conlie *qu'il faut armer.*

« Il faut absolument que le reste des mobilisés continue à s'armer et à s'instruire dans les cantonnements, sous peine de détruire gratuitement tout espoir de résistance ultérieure.

« Je vous demande de rester à Rennes, où ma présence est rendue nécessaire par un complot de désertion, que me signale le colonel Pâris, et pour m'occuper exclusivement de la formation d'une armée de réserve.

« Si vous voulez continuer *le sacrifice commencé de nos contingents, choisissez quelqu'un à qui sa conscience permette de le faire.* Je ne ferai de ma retraite aucun éclat qui puisse créer, pour vous ni pour Chanzy, aucun embarras d'aucun genre.

« *Signé* : DE MARIVAULT. »

Sans entrer dans les détails de service qui m'appelaient à Rennes, je les indiquerai par le télégramme suivant que m'adressait le colonel Pâris :

« Rennes, 9 janvier 1871, 10 h. 30 matin.

« *Colonel Pâris à général de Marivault, Conlie.*

« Cent cinquante hommes environ, peut-être davantage, du 2ᵉ bataillon de Morlaix, dont le commandant a dû donner sa démission, ont déserté en masse, cette nuit, sac au dos. J'en ai déjà fait arrêter le plus grand nombre. Il y a des meneurs, peut-être des officiers; l'enquête se poursuit. Vaus savez que je manque absolument de moyens de répression, puisque pour 7,000 hommes j'ai trente places dans les salles de discipline. Je vous prie instamment de demander, par le télégraphe, au ministre, l'ordre pour moi d'appliquer la loi martiale du 2 octobre à ce complot. Un exemple rigoureux est indispensable pour maintenir la discipline parmi ces bandes. — Terminé le travail des fusils et des cartouches, qui me prend un temps précieux. »

Je savais trop l'impuissance des cours martiales, composées forcément de voisins et d'amis des délinquants, et là encore je n'eus recours qu'à l'action personnelle, elle y suffit.

Retenu par ces soins, j'envoyai, le 10 janvier, au Mans mon chef d'état-major, le général de Vauguion, renouveler au général Chanzy, les déclarations que je lui avais faites relativement à l'emploi des mobilisés, et lui demander, au reste, tels ordres précis qu'il jugerait à propos de me prescrire, en exécution de la dépêche ministérielle du 9 janvier, qui me mettait sous son commandement direct. Je reçus de mon chef d'état-major, les deux télégrammes suivants :

« Le Mans, 10 janvier 1871, 9 h. 30 soir.

« *Général de Vauguion à général Marivault, Conlie.*

« Chanzy impossible à voir, a dit pas d'ordre à donner et rendez-vous pour demain 10 h. — Crois que vous n'avez pas besoin de venir avant réponse. — Ai demandé instructions à chef d'état-major ; que s'il voulait troupes, serait nécessaire concentrer à Rennes ; s'il voulait votre présence, rien n'était plus facile. — Tout est fort grave ici.

« *Signé* : VAUGUION. »

3

« Le Mans, 11 janvier 71, 11 h. 40 matin.

« *Général chef d'état-major à général de Marivault, Conlie.*

« Ai vu Chanzy ; demande que vous envoyiez le plus de troupes possible, et pour arriver à ce résultat, il pense comme vous qu'il faut aller concentrer rapidement à Rennes. M'a indiqué positions à prendre. Le temps est très-mauvais ; le train s'arrêtera pour vous attendre. »

« *Signé* : Général DE VAUGUION. »

Conformément à cet ordre, je me rendis à Rennes, le 11 janvier dans l'après-midi, et c'est là seulement, le soir, ou même le lendemain matin, que j'eus communication de la dépêche ci-dessous, venue de Bordeaux :

« Bordeaux, 11 janvier 1871, 10 h. 35 mat.

« *Guerre à général Chanzy, Le Mans. (Copie pour le général Marivault, Conlie ; faire suivre.)*

« Vous avez reçu copie de la dépêche par laquelle, selon votre demande, le général Marivault était placé avec tout son monde sous vos ordres directs. L'exécution de cette mesure paraît souffrir quelques difficultés du côté du général Marivault, qui la croit *funeste aux intérêts de ses mobilisés* et menaçante pour sa propre responsabilité. Si effectivement vous ne pouvez pas vous entendre là-dessus, je vous autorise à substituer à cette mesure, la mesure suivante.

« Le général Marivault resterait indépendant de vous ; mais vous auriez le droit de détacher un de vos généraux pour procéder à une inspection générale de tous les mobilisés de Bretagne, et pour ranger sous votre commandement tous ceux de ces mobilisés que vous jugeriez à propos d'utiliser. Vous auriez également le droit de mettre à réquisition toutes les armes délivrées en vue de l'armement de ces mobilisés, et de procéder vous-même à l'armement et à l'équipement de ces mobilisés, en y procédant au moyen des services de votre armée. Bref, vous auriez le droit de trier dans l'ensemble de ces mobilisés tout ce qui vous conviendrait, et d'en prendre charge. Le restant appartiendrait, comme devant, à M. de Marivault, qui continuerait à s'en occuper dans les formes ordinaires et sous sa responsabilité propre.

« Mettez-vous en rapport direct avec le général de Marivault, auquel j'adresse copie de la présente dépêche, et faites-lui connaître le parti auquel vous vous arrêtez définitivement.

« *Signé : C. DE FREYCINET.* »

De mon côté, le 12 janvier, j'expédiai au ministère le télégramme suivant :

« Rennes, 12 janvier 1871.

« *Général de Marivault à Freycinet, délégué Guerre, Bordeaux.*

« Merci de votre judicieuse dépêche sur ma situation. J'ai encore envoyé trois bataillons de Conlie, et ce matin trois d'ici avec cartouches; hier réuni à Laval trois bataillons pour les armer, et fait rentrer dans leurs cantonnements pour dégager la ligne. Retiré excédant de vivres en arrière, pour la même hypothèse de retraite précipitée ; *si elle ne se réalise pas tout sera facile.* Si ces mobilisés massés au Mans ont à combattre, j'y serai pour être utile, sans commandement.

« Comptez beaucoup sur le préfet de Rennes, et rendez-lui facile ce qu'il veut faire pour hypothèse d'encombrement de blessés. L'état sanitaire est mauvais, *mais les progrès militaires des troupes réunies ici sont réels*, malgré l'épuisement individuel des hommes.

« Les mobilisés expédiés par la Mayenne sont superbes, prouvant surabondamment l'avantage qu'il y eût eu à ne pas se presser de réunir en camp; mais tous ne sont que des troupes à mettre derrière des haies et point en ligne.

« Signé : DE MARIVAULT. »

Ramené, par l'envoi au Mans des dernières troupes de Conlie, au rôle précis de chef des mobilisés dans leur province, je m'occupai d'assurer le mouvement de ceux qui allaient rallier le Mans. On sait en outre quels soins réclamaient ma présence, à Rennes, près de la brigade du Finistère qui s'y organisait. Le jour même de mon arrivée, je passai en revue le bataillon d'exercice, formé par les officiers de cette brigade, dont l'instruction avait visiblement progressé. J'y prononçai diverses révocations et aussi des encouragements.

Au milieu de ces soins m'arrivèrent, à peu d'heures de distance, les deux télégrammes que voici.

Les légions dont il est parlé dans le premier, étaient, l'une à Conlie de la veille, l'autre encore en route sur le chemin de fer.

« Conlie, 12 janvier 71, 7 h. 45 matin.

« *Chef d'état-major à général de Marivault, Rennes.*

« Chanzy m'a fait demander légion Loire-Inférieure ; elle part ce matin. *Vous savez que Chanzy a gardé ses positions*, et que je renvoie l'artillerie à Rennes. J'avise Chanzy de l'arrivée de légion Coniac et lui envoie Lanjuinais. Je pense qu'il serait fort utile d'évacuer complétement le camp. Si votre commandement est à Rennes, cette position sans troupes et sans artillerie ne peut avoir une raison d'être. Il serait urgent, je crois, de faire partir les vivres qui sont ici, s'il est vrai, comme le dit l'intendant, que son chef, au Mans, ait refusé de les prendre. L'ambulance qui resterait va être transférée au bourg de Conlie.

« Signé : DE VAUGUION »

« Le Mans, 12 janvier.

« *Général Marivault , Conlie.*

« L'armée évacue le Mans ; n'envoyez plus ni personnel , ni matériel; évacuez sur Rennes les six pièces de 12 qui sont sur truc et tout ce que vous aurez de matériel et de munitions.

« Signé : CHANZY. »

Des bruits , qui vont aussi vite que le télégraphe , attribuaient aux bataillons d'Ille-et-Vilaine l'échec que venait d'éprouver l'armée de la Loire. Leur retraite devait les ramener du côté de Conlie, et leur dénûment devenait l'objectif principal de mes soins dans la marche qu'ils allaient faire avec une armée dans laquelle ils n'étaient pas engrenés. Je demandai donc sur-le-champ une locomotive pour Conlie et j'y arrivai dans la nuit. Il n'y avait plus que l'intendance et l'état-major; attendant des moyens d'évacuation; deux bataillons , placés dans la redoute par le général Chanzy, n'étaient plus de mon commandement ; mais j'étais sûr de faire une chose utile en recommandant à l'intendance de distribuer sans contrôle aux fuyards qui allaient passer les vivres restés près de la voie. Un bataillon non armé était depuis le matin en route vers Evron, où se dirigeaient aussi , me disait-on, ceux du général de Lalande. Je ne les trouvai point dans cette localité où je passai le reste de la nuit, et ce fut à Laval que je reçus, le lendemain, du général Lalande, les télégrammes suivants :

« Evron , 14 janvier 1871.

« *Général Lalande à général de Marivault, Laval.*

« Je suis à Evron avec ma brigade presque entière ralliée dans cette localité , en empêchant de passer les isolés. Malgré réquisitions du maire, beaucoup d'hommes n'ont pas de vivres. J'en ai demandé au général

Chanzy ce matin, je lui écris de nouveau et lui demande où nous devons aller. Pouvez-vous me répondre à Evron et m'envoyer 6,000 rations par un train de nuit ?

« Signé : DE LALANDE. »

« D'Evron à Laval.

Général de Lalande à général de Marivault.

« Le général Chanzy me donne l'ordre de rester à Evron. Nous ne pouvons rien faire si on ne change notre armement ; si les chassepots qui étaient au Mans en sont sortis, on pourrait nous les donner.

« Signé : DE LALANDE. »

C'était afin de pourvoir à ces éventualités, et pour rallier les hommes ou les troupes isolées du commandement, que je m'étais porté à Laval, près du télégraphe ; j'y avais formé deux trains spéciaux de vivres avant que toutes les ressources de la voie fussent réclamées par d'autres soins, et pendant que j'en envoyais un à Mayenne pour les éventualités du passage du corps Jaurès (le hasard fit que ce train fût confié aux soins d'un membre actuel de cette Commission, M. de la Sicotière) ; j'amenais moi-même l'autre à Evron, accompagné du général Kérisouët, qui était accouru vers moi dès l'annonce de la retraite.

Le spectacle qu'offrait Evron était navrant ; plus de vingt mille hommes de toute arme, débandés, affamés, sans armes pour la plupart, encombraient les rues pleines de neige de cette petite ville, des chevaux s'y traînaient, menés en bride pour la plupart par leurs cavaliers qui les soutenaient à grand'peine sur le verglas ; très-peu d'officiers se trouvaient parmi ces débandés, ainsi qu'il était naturel, et cela augmentait le désordre. J'eus la grande joie de trouver les six bataillons de Lalande formés en rangs, sur diverses voies, avec toutes leurs armes, bien qu'elles fussent pour la plupart hors de service et qu'ils fussent surtout dépourvus de munitions. Leurs officiers maintenaient parmi eux, au milieu des souffrances de la déroute, une attitude et une apparence d'ordre qui certainement, quels qu'aient pu être les faits qui se sont passés à la Tuilerie, eussent fait regretter au général Chanzy les paroles blessantes auxquelles, dans l'amertume de la défaite, il s'était laissé entraîner envers eux.

Depuis trois jours ils n'avaient eu de vivres que ce qu'ils avaient pu ramasser en passant à Conlie ; ils en reçurent à la hâte ce qu'ils pouvaient porter, laissant ainsi disponible pour le reste de l'armée toutes les ressources d'Evron, et, remontés par cette distribution, rassasiés à la hâte, ils furent acheminés par trois routes différentes sur Mayenne et Laval, avant que l'encombrement des bagages et de l'artillerie eût rendu les chemins impraticables. Dégager les routes était en ce moment ce qui importait le plus, afin que l'armée entière trouvât de la place en dehors de la limite d'action que chaque succès impose à l'armée victorieuse pendant un temps facile à prévoir selon les circonstances.

Ce fut à Rennes, quelques jours après, que je passai la revue de ces malheureuses troupes dignes d'un meilleur sort. J'aurai voulu y faire passer une revue des armes par la direction d'artillerie ; mais, là comme partout, le personnel spécial manquait : la facilité qu'apportait le ministère à se contenter d'apparences qui pussent servir de base à ses propres assertions, avait eu pour résultat, dans beaucoup d'occasions, ce manque des contrôles les plus indispensables.

D'ailleurs, à partir de ce moment, la confusion des ordres relatifs aux mouvements des troupes, aux commandements, aux questions de personnes, augmenta en proportion des difficultés accumulées par les évènements. Ceux des services ministériels qui étaient dirigés par des militaires et conservaient un certain ordre administratif, n'étaient évidemment point tenus au courant de ce qui se faisait dans le cabinet et dans les services improvisés. Aussi les contradictions n'étaient pas rares et, ce qui était encore pis, les mêmes ordres étaient donnés par des directions différentes, mais avec des modifications de chiffres et de langage qui souvent en faussaient le sens. Des ordres directs étaient donnés à des troupes déjà en mouvement, et enfin des commandements nouveaux étaient créés, sans que j'en fusse informé, sur des troupes qui avaient déjà leurs chefs et leur destination. Il résultait de là pour les troupes un mouvement perpétuel fatigant, incompatible avec aucune espèce de progrès, des conflits, de faux mouvements qui produisaient un mécontentement général, ce qui, joint au ton de triomphe avec lequel les journaux du Midi, regardés comme officieux, parlaient de la défaite « de ces Bretons qui ont des chapelets », rendait générale cette prévention, que la Bretagne était *l'objet de négligences volontaires* et que ces *fausses promesses d'armes* étaient réservées pour elle seule, tandis que les armes étaient distribuées dans le Midi.

A cette occasion, je ferai remarquer que je ne parle point du rôle de la brigade de Lalande à la bataille du Mans, parce que les moyens d'investigation et le temps m'ayant manqué pour faire à ce sujet une enquête sérieuse, j'engage la Commission à faire appeler le général de Lalande et le colonel d'Elteil, qui pourront la fixer sur ce point auquel l'opinion publique du département d'Ille-et-Vilaine en particulier attache un très-grand prix.

L'ensemble des dépêches de ce temps manifeste ce désordre ; je citerai seulement quelques lettres échangées à l'occasion des ordres exécutés. Celle du général de Noüe exprime l'opinion de l'un des officiers les plus expérimentés de l'armée régulière, placé en situation de bien juger ; c'était d'ailleurs une réponse à la suivante que j'avais eu l'honneur de lui adresser :

« Au quartier général de Rennes, le 17 janvier 1871.

« Mon cher général,

« Votre dépêche demandant des bataillons de mobilisés pour la défense de Nantes me revient *sous diverses formes*, probablement parce qu'elle avait été envoyée avant mon retour d'Evron, où j'étais allé au secours de ces mêmes mobilisés, comprenant trois bataillons de la Loire-Inférieure qui étaient là sans vivre et fort oubliés, en dehors d'une organisation où on les avait introduits la veille, comme une matière à employer, envers laquelle on n'a point d'ailleurs d'obligation ni de devoir. C'est la force des choses qui le voulait ainsi, et je n'en fais point un reproche spécial au général Chanzy, qui soutient dans ce moment, avec tant de constance et de force morale, une lutte où le faux système qui substitue dans nos forces l'accumulation à l'organisation, rend stérile l'effort de ses talents.

« Mais je dois vous mettre au courant de l'état *vrai* des forces que vous demandez : elles sont absolument hors d'état de faire campagne. Le séjour au camp, où elles passaient leur temps en corvées d'eau ou de bois et à se défendre de la boue, les faux mouvements et les tiraillements administratifs, qui ont empêché depuis de pousser leur instruction, ont diminué la valeur de chaque homme sans augmenter beaucoup la force de l'organisation.

L'absence d'armes, qui explique leur ignorance, a fait place à la distribution de springfields dont les platines, faites à l'emporte-pièce, cassent, jouent sans bruit, ne tiennent pas au repos, et parmi lesquels on en trouve dont les cheminées n'ont jamais été percées. Les cartouches sont inégales, quelques-unes trop fortes, presque toutes déformées, quelques-unes remplies de plomb de chasse. Ce n'est pas le fusil prussien, c'est le coup de leur propre fusil, qu'ils entendaient pour la première fois ou qu'ils voyaient ne pas partir, qui a fait décamper les mobilisés de la Tuilerie, poste étrangement choisi pour des troupes que j'avais décrites d'une façon qui ne laissait place à aucune illusion.

« Votre légion, mieux commandée par Jehenne que ne l'est la moyenne des autres, a été démoralisée par l'examen de ses armes, et aussi par le sentiment qu'elle a eu d'être considérée comme un accessoire sacrifié au reste de l'armée (il n'en pouvait guère être autrement dès qu'elle faisait un mouvement, dans les prévisions d'intendance et de commandements duquel elle n'était pas comprise auparavant). Elle serait morte de faim et de soif dans les neiges d'Evron, si je n'avais pu réussir à la ravitailler personnellement et en dehors de toute prévision d'intendance, avec le reste des mobilisés, au milieu de vingt mille débandés de tous corps qui encombraient cette localité, alors que toutes les routes étaient déjà couvertes de cavalerie et de convois, et pendant que le verglas et la rupture des télégraphes empêchaient que les dépêches parvinssent dans l'ordre d'émission. Je cite ces faits pour que vous sachiez sous quelle impression elle vous reviendra et quel parti limité vous pouvez tirer de ces sortes de troupes, en leur donnant d'autres armes et en les mettant derrière des murs.

« Je vous ai dit que deux légions sont cantonnées au nord des limites de votre département ; je prépare tout pour qu'elles puissent faire au premier signe de vous, leur mouvement sur Nort, où vous leur donnerez des ordres.

« Dans l'ignorance où je suis des mouvements de l'armée, et avec la rareté inévitable des communications avec Bordeaux, je n'ai aucune opinion sur l'opportunité de mettre ou non à votre disposition des troupes telles que je les ai décrites. N'ayant point eu la faculté de les former, je me suis borné à les sauver de l'agglomération de Conlie, où ces 48,000 hommes, s'ils s'y fussent trouvés le 13 janvier, auraient été eux-mêmes écrasés, en paralysant les mouvements de l'armée sur la ligne de retraite fatalement destinée à être celle que cette armée devait parcourir. Je me bornerai donc à faire à ce sujet ce que vous me demandez, d'après la dépêche ministérielle.

« Il m'en arrive une autre qui se préoccupe aussi de renforcer Cherbourg, de sorte qu'il y aura un partage à faire. Ces deux prévisions ont leur part dans le dispositif, déjà commencé par suite de l'encombrement et de l'état sanitaire de Rennes. Je viens également de recevoir votre dépêche qui me demande d'aller vers vous ; je ne vois pas encore assez clair dans la situation pour m'éloigner de Rennes, mais je vous envoie cette lettre par M. Lanjuinais, mon aide-de-camp, qui vous inspirera facilement confiance.

« Veuillez agréer, mon cher général, l'expression de ma considération respectueuse.

« *Le général commandant en chef l'armée de Bretagne,*

« *Signé* : DE MARIVAULT. »

Voici maintenant la réponse du général de Nouë :

« *Général commandant la 15ᵉ division à général de Marivault,
commandant en chef des mobiles de Bretagne.*

« Nantes, le 18 janvier 1871.

« MON CHER GÉNÉRAL,

« Je vous remercie bien de m'avoir envoyé votre aide-de-camp.

« Les observations contenues dans votre lettre ne sont, hélas ! que trop justes et en tout point en rapport avec les miennes.

« L'accumulation des hommes, sans être armés, a fait dépenser des sommes considérables en pure perte, et l'envoi de ces multitudes organisées insuffisamment devant l'ennemi, est un malheur irréparable.

« Pour le moment, j'ai cherché à augmenter les forces destinées à couvrir la ville de Nantes. J'avais pensé que les mobilisés de toute la province de Bretagne seraient les plus intéressés à la défense de la capitale, et j'avais demandé votre participation, croyant que, puisque vous aviez assisté aux combats du Mans, vous aviez dû être *armé convenablement.*

« Je vois, hélas ! qu'il n'en est rien, et j'arrête ma demande à la légion du Morbihan arrivée à Châteaubriant.

« Je la ferai venir à Nantes pour y réparer ses armes et lui en donner d'autres si c'est possible, et je m'en servirai pour défendre notre ligne.

« Maintenant, ne serait-il pas possible de passer une revue dans chacune des autres légions, d'examiner ceux qui sont les mieux armés et d'en former un ou deux bataillons capables de rendre des services ? Si ce choix était possible et que vous veuilliez bien m'en aviser, je vous demanderais de les prendre parmi les légions cantonnées dans les villages au nord du département de la Loire-Inférieure.

« Je vous avais prié de venir parce que je comptais vous prier de vous charger de la défense d'une partie de ce département, dont la capitale est un point si important à défendre, puisque c'est à Nantes seulement que se fondent les canons à balles et les pièces de 7. De plus, c'est à Nantes que se fabriquent toutes les cartouches pour les mitrailleuses. Une fois Nantes pris ou bloqué, les armées françaises ne peuvent plus s'en servir. Il est donc de la plus grande importance de couvrir Nantes.

« J'ai remis à clore cette longue lettre après la fin du conseil de défense, pour mieux vous renseigner sur ce que nous avons à vous demander.

« Il a été convenu que les bataillons de mobilisés que vous nous envoyez, vont venir à Nantes, pour que leurs fusils soient changés ou réparés. Nous pourrions en réarmer 4000, avec diverses ressources qui sont à la disposition du préfet.

« C'est donc cette force à peu près que je vous prie de mettre à ma disposition.

« Je reçois un télégramme de M. le général de Beaufranchet, qui m'annonce qu'il vient de faire rétrograder la brigade du Morbihan, arrivée ce matin à Châteaubriant ; je ne sais plus ce qui va y rester. Le ministre nous annonce *des fusils de bonne qualité* ; dès qu'ils seront arrivés, je compte vous redemander d'autres légions, si vous restez encore dans le voisinage de ma division.

« Je me félicite, mon cher général, d'avoir eu cette occasion d'entrer en relations avec vous.

« Je vous prie d'agréer l'assurance de mes meilleurs sentiments.

« *Le général de division commandant la 15ᵉ division.*

« *Signé* : Comte DE NOUE. »

« *P. S.* — Je compte sur le retour des mobilisés de la Loire-Inférieure en retour de Nantes. »

Deux ou trois jours après, j'écrivais la lettre suivante à M. le général Chanzy, commandant en chef la 2ᵉ armée de la Loire.

« MON CHER GÉNÉRAL,

« Je vous adresse le général de Beaufranchet pour vous débarrasser des mobilisés ; il a longtemps séjourné à Laval et saura les y trouver.

« Vous avez dû recevoir M. de Saisy, qui commande la seule légion qui soit restée dans votre voisinage, après qu'à mon grand regret celles que j'avais placées à Craon et à Châteaubriant ont été, par ordre, appelées à Nantes, où il paraît d'ailleurs que le général de Noue a des armes pour quelques bataillons. Tout le reste est en mouvement par suite d'ordres analogues ; deux bataillons seulement, parmi ceux qui sont à Rennes, n'appartiennent pas à la brigade qui était au Mans : ils sont prêts à partir pour Pouancé si vous le signalez, mais par le texte final de votre dépêche, il semblerait que M. de Cathelineau doit faire *un choix d'hommes qu'il demande*, et alors son but ne serait point rempli par l'envoi de ces deux bataillons. S'il s'agit d'engagements, il trouvera autant de facilités qu'il en pourra souhaiter : car je crois que les braves gens qui se trouvent dans cette foule de malheureux ne peuvent plus s'utiliser qu'en servant dans des corps que n'a gagnés ni la démoralisation ni la déconsidération ; et si quelque bien peut sortir, en échange de beaucoup de mal, de l'institution déplorable des mobilisés, c'est en lui faisant fournir des individus à d'autres organisations. C'est dans cet esprit que je favorise le recrutement de Charette et que je vous ai fait hier, choisir 300 ouvriers superbes pour votre génie civil. Et remarquez qu'on a déjà levé, — 1º pour l'artillerie, 2º pour la cavalerie, 3º pour toutes les fabriques qui ont réclamé des ouvriers spéciaux de fournitures militaires, 4º pour l'artillerie départementale et le génie, tout ce qui sortait un peu de la foule au milieu de cet élément déjà marqué d'infériorité par la catégorie de *vieux garçons* à laquelle il est emprunté.

« Cette condition s'ajoute à toutes celles qui désignent déjà cette troupe pour ne former qu'une réserve à peu près sédentaire, lorsqu'on l'aura équipée et armée. Ceux qu'on a laissés un peu tranquilles dans leurs cantonnements ont acquis un peu de cohésion ; mais il ne faut pas qu'ils se regardent comme sacrifiés et dédaignés, si l'on en veut faire quelque chose.

« *Signé* : DE MARIVAULT. »

Sur cette lettre, et à l'occasion de M. de Saisy que je lui avais envoyé pour avoir des instructions, je reçus du général Chanzy le télégramme ci-dessous :

« Laval, 22 janvier 1871, 11 h. 58 soir.

« *Général Chanzy à général Marivault, Rennes.*

« Le colonel de Saisy, commandant légion Côtes-du-Nord à Vitré, est venu de votre part me demander instructions. C'est à vous de lui en donner, d'après les ordres que vous avez reçus du ministre. Je désirerais voir vos bataillons de mobilisés répartis de façon à pouvoir défendre la Bretagne dans le cas où je me porterais en avant, ce qui peut arriver d'un moment à l'autre. Dites-moi carrément si la chose est possible. Vous comandez les forces de Bretagne, et vous avez à vous entendre avec moi pour en tirer le meilleur parti : c'est à vous à me renseigner sur ce que vous êtes susceptible de faire, et à moi de vous indiquer quel est, au point de vue des opérations que je suis appelé à entreprendre, le rôle que vous y avez à jouer.

« *Signé* : CHANZY. »

Mais déjà (bien que j'ignorasse encore ma révocation), je n'avais plus le commandement des mobilisés de Bretagne.— La veille même (21 janvier), j'avais reçu du général Lalande, en communication, la lettre suivante :.

« 3ᵉ LÉGION MOBILISÉE
D'ILLE-ET-VILAINE

Rennes, le 21 janvier 1871.

« MON GÉNÉRAL,

« J'ai reçu l'ordre de me rendre avec deux bataillons de la 3ᵉ légion mobilisée d'Ille-et-Vilaine à Château-Gontier, c'est-à-dire vers les Prussiens. Soldat j'obéis ; mais il est de mon devoir de vous faire connaître la situation des troupes qu'on envoie vers l'ennemi.

« Le 1ᵉʳ bataillon, rentré du Mans dans un état de délabrement complet, profondément démoralisé d'être armé de mauvais fusils, dont la moitié au moins ne peut servir, sans aucune instruction, même sans chef, son commandant étant épuisé et malade, ne tiendra devant aucun ennemi ; c'est un bataillon qui aurait besoin d'un mois pour se refaire et surtout pour s'instruire. Le mettre en ligne en ce moment, c'est le livrer à la déroute, à la débandade la plus complète.

« Le 3ᵉ bataillon a été armé le 20 janvier ; il n'a pas la première notion d'instruction militaire ; neuf dixièmes des hommes ne savent même pas charger un fusil ! Est-il possible de faire quoi que ce soit avec de pareilles troupes ? Non, mon général. C'est donc aller à une défaite certaine. Je proteste hautement contre la situation qui nous est faite *et surtout contre le mauvais armement qui nous a été donné. Mieux armés de fusils à longue portée et à tir rapide, ainsi que cela avait été solennellement promis,* nous aurions pu tenir ; mal armés, ou pour mieux dire *désarmés,* nous ne pourrons être d'aucune utilité ; au contraire, nous serons plus nuisibles qu'utiles. Les conséquences, quelles qu'elles soient, ne pourront nous être imputées.

« Je vous prie de vouloir bien transmettre ma protestation à l'autorité militaire supérieure.

« Je suis avec respect, mon général, votre très-humble et très-obéissant serviteur,

> « *Le lieutenant-colonel commandant la 3ᵉ légion mobilisée d'Ille-et-Vilaine,*
>
> « *Signé :* HÉNAULT. »

« *A Monsieur le général de Lalande. — Transmis au général de Marivault.* »

Toutes les dépêches du Ministère, ne tenant aucun compte de mes avis au sujet des armes, parlaient toujours des bataillons *les mieux armés* ; (cependant il y en eut une spéciale pour me dire : « Ne parlez « plus des armes que pour me dire si les bataillons en ont ou n'en ont « pas. »)

Enfin, le 21 janvier, à la suite d'une dépêche qui, après la mise en mouvement d'un nombre de bataillons bien *supérieur à celui qui existait*, ordonnait encore d'en envoyer 5 à M. de Cathelineau « dans la forêt « d'Ombre » (rendez-vous plus romanesque qu'administratif), et d'ailleurs, sous l'influence de la lettre du colonel Hénault que je viens de lire, j'adressai au délégué de la guerre ce télégramme :

« Rennes, 21 janvier 1871, 1 h. 30 soir.

« *Général de Marivault à délégué Guerre, Bordeaux. — Communiquer à général Haca, Bordeaux, et à général Planhol, Rennes.*

« Je reçois dépêche de vous et une d'Haca pour même objet (avec chiffres différents). C'est la vôtre n° 7720 qui se trouve réalisée par les mouvements en cours d'exécution.

« 1° Général de Noue a reçu à Nort plus de mobilisés du Morbihan qu'il n'en désire ; il comprend en militaire l'impuissance de cet élément, dit pouvoir en réarmer 4,000 : entente établie entre nous.

« 2° Les 7 bataillons sont partis de Fougères pour Carentan.

« 3° Je vais, *puisqu'il le faut*, envoyer à Château-Gontier 3 bataillons de la Guerche, qui seront suivis de 2 d'ici, sitôt reformés. Vous avez le temps de donner contre-ordre et d'éviter de nouveaux malheurs.

« 4° Tous les mobilisés, autres que ceux entraînés du Mans à Rennes avec les débris de Chanzy, sont concentrés à Saint-Brieuc et à Vannes, où ils seront rejoints par les bataillons qui n'avaient pas été au camp. Ceux de Rennes se reforment. Tableau du tout va vous être adressé.

« Je tiens à vous répéter, puisque vos dépêches affectent de l'ignorer, qu'aucun de ces bataillons n'est susceptible d'aucun service en campagne; que les armes sont pire que nulles, non par leur modèle, mais par leur *qualité* et celle des munitions; qu'il n'y a ni souliers ni équipement; que les mettre devant l'ennemi avant que chaque homme ait eu quinze jours d'instruction avec une arme capable de partir, *ne sera que répéter le sacrifice inutile et criminel que vous en avez fait au Mans.*

« Je communique ce télégramme au général Planhol, qui comprend également en militaire honnête les mobilisés tels qu'ils sont.

« *Signé :* DE MARIVAULT. »

A cette dépêche, le ministre répondit avec une exactitude qui n'était pas habituelle :

« Bordeaux, le 22 janvier 1871 , 7 h. soir.

« *Délégué guerre à général Marivault, Rennes ; faire suivre.* (En communication au général de Planhol.) — Extrême urgence.

« J'ai reçu votre dépêche d'hier, 2 heures soir. M. le Ministre de l'intérieur et de la guerre, Gambetta, m'a chargé de vous informer que votre commandement sur les mobilisés bretons a cessé et que vous êtes remis, à partir de ce jour, à la disposition de M. le ministre de la marine.

« Je vous prie de vouloir bien remettre votre service à M. le général de Planhol, qui en assurera temporairement la continuation. Vous lui fournirez à cet égard toutes les indications nécessaires, notamment en ce qui concerne les directions respectives assignées aux divers groupes de mobilisés bretons, suivant mes dépêches. M. le général de Vauguion continuera provisoirement, auprès du général de Planhol, pour ce qui concerne la question spéciale dont vous étiez chargé, le service de chef d'état-major qu'il remplissait auprès de vous. Vous lui communiquerez ce passage de la présente dépêche.

« Signé : C. DE FREYCINET. »

Il était bien évident que la résolution était bien prise de ne point entendre les vérités qu'on voulait cacher au pays. Toute tentative pour conserver le lourd fardeau que j'avais recherché eût été vaine. Je n'écoutai donc point les amis qui me demandaient d'en faire, et je répondis au délégué de la Guerre :

« Rennes, 24 janvier, 11 h. 15 mat.

« *Général de Marivault à délégué Guerre; communication à l'amiral Fourrichon, Glais-Bizoin, Crémieux. Bordeaux.*

« Reçu dépêche répondant à la mienne par la suppression de mon commandement. Je l'ai remis au général de Planhol, et cherche à lui en faciliter l'exercice dans ces premiers jours. Tenez compte des vérités que je vous ai dites, armez ce pays et rendez-lui confiance : je vous serai reconnaissant.

« Signé : DE MARIVAULT. »

Ce fut mon dernier télégramme ; comme j'avais dit au Mans que je ne ferais de ma retraite aucun bruit de nature à *créer un embarras* quelconque, je quittai les troupes par l'ordre suivant :

« Ordre du jour du 23 janvier 1871

« Aux termes d'une dépêche que je viens de recevoir , le Ministre de l'Intérieur et de la Guerre, M. Léon Gambetta, m'informe que mon commandement sur les mobilisés de Bretagne cesse à partir d'aujourd'hui. — Vous êtes placés sous les ordres du général de Planhol, et c'est à lui en conséquence que les différents chefs de service, de corps et de détachement, devront s'adresser désormais. Mon dernier acte de commandement est de vous recommander de continuer à montrer sous ses ordres le zèle et le dévouement dont vous m'avez donné tant de preuves.

« Signé : DE MARIVAULT. »

Quelques jours après , les officiers des mobilisés étant venus en corps me rendre visite , je leur adressai pour adieu quelques paroles, que je retrouve dans les journaux de l'époque, et qui seront la conclusion de cette déposition :

« MESSIEURS ,

« En cessant d'être votre chef , je n'ai point cessé d'être l'un de vous; nous avons trop partagé les mêmes sympathies , les mêmes souffrances, les mêmes anxiétés pour tous les intérêts bretons , pour que je puisse m'éloigner de vous , fût-ce pour revenir , sans vous dire quelques mots d'adieu.

« Je ne veux point vous parler des causes qui font cesser mon commandement ; ce n'est pas avec vous que je m'en expliquerai, et le silence est souvent un devoir militaire.

« Mais c'est mon droit de vous dire que je ne vous quitte point par ma volonté ; c'est mon droit aussi de repousser devant vous toute solidarité dans l'atteinte portée à l'honneur de ce département par un blâme légèrement formulé contre quelques-uns de nos bataillons.

« Dans les circonstances où nous sommes, le blâme et l'éloge n'appartiennent à personne ; la voix du peuple a seule le droit de le prononcer; elle saura bien discerner et mettre à leur véritable place les dévouements et les responsabilités, *le jour où , le pays ayant repris possession de lui-même, elle pourra se faire entendre.*

« Notre rôle à tous a été celui du devoir obscur accompli dans le silence ; nous n'en voulons point de récompense, mais nous pouvons nous rendre témoignage que personne n'y a manqué. Le mien a été de vous faire sortir du camp de Conlie, malgré l'insouciante incurie qui vous y laissait sans armes, manquant de tout, sur la route d'une retraite qu'il fallait prévoir et à laquelle (on doit bien s'en rendre compte aujourd'hui) votre présence eût formé le plus nuisible des obstacles, en même temps qu'elle eût amené votre destruction. Un moment j'avais espéré davantage.

« J'avais pensé qu'il me serait possible de vous armer, de vous instruire, de vous disposer sur le pays d'une façon qui en eût assuré la défense contre toute invasion. — Je crois encore que cela se pouvait. Je m'étais trompé. — Le brave général qui me remplace servira mieux sans doute que je n'ai fait les intentions de ceux qui nous gouvernent, et vous ne tarderez pas à sentir une nouvelle direction.

« Je ne juge point la mesure qui supprime mon commandement, et je veux seulement vous dire en vous quittant :

« Moi qui crois avoir conquis, pendant 32 ans d'une carrière dont pas un seul moment ne redoute la lumière, le droit de ne pas donner la main à tout le monde, je la tends fraternellement, loyalement et sans arrière-pensée, à ceux qui, à travers la retraite du Mans, ont rapporté avec leurs armes, leur justification. »

Cadix, 3 août 1873.

J'aurais voulu que cette déposition portât la trace de ma reconnaissance pour tous ceux qui m'ont aidé à sauver de la destruction cette population désarmée, comme ils m'eussent aidé à la conduire au feu si elle avait eu les moyens de combattre. Mais citer des noms, c'eût été être injuste envers ceux que j'aurais oublié, envers ceux, plus nombreux, que je n'ai jamais connus et dont le nom est Légion dans cette armée des dévouements ignorés. Ils s'ignorent eux-mêmes pour la plupart, aussi ne demandent-ils rien ; mais c'est à la Bretagne entière de les connaître et de se souvenir. Et nous tous, qui, après tant de maux, nous reposons dans une aisance relative et pouvons, dans la province, faire autour de nous quelque bien individuel, nous ne devons point oublier ceux qui souffrent encore pour avoir souffert dans ce temps là. Chaque jour m'apprend qu'il y a encore bien des vides aux humbles foyers, bien des santés à jamais ruinées, des fortunes compromises, des carrières à recommencer, des préventions mêmes à surmonter : car ce n'est point impunément qu'on prend part aux choses néfastes, et lorsque le cœur d'un peuple déborde d'amertume, il trouve comme un soulagement maladif à faire de ceux qui ont le plus souffert l'objet de ses imprécations comme faisait Israël contre cette victime chargée des péchés du peuple qu'on chassait chaque année dans le désert.

Il n'y a pas là seulement des maux individuels à soulager ! C'est un spectacle malsain pour le vulgaire que celui de la misère s'attachant comme une conséquence logique à ceux qui ont fait passivement le devoir tel qu'ils l'ont compris. Nous leur devons tout entière notre aide, chacun dans notre sphère. Ceux qui observeront jusqu'au bout ce devoir auront payé de ses peines leur ancien général.

H. DE MARIVAULT.